W0328167

Klaus Staeck / Dieter Adelmann

Die Kunst findet nicht im Saale statt

Politische Plakate

Rowohlt

1. Auflage Mai 1976
© Rowohlt Verlag GmbH,
Reinbek bei Hamburg, 1976
Alle Rechte vorbehalten
Umschlagentwurf: Staeck/Steidl
Fotosatz: Erich Goltze KG, Göttingen
Lithographie: Steidl, Göttingen
Druck und Buchbindung: Bärenreiter
Druckerei, Kassel
Printed in Germany
ISBN 3 498 06114 3

Fotonachweis: DPA (1), Jochen Goetze (3), Dieter Heinemann (3), Kaufmann u. Scheerer (1), Karl-Hermann Langefeld (2), Klaus Staeck (2), Gerhard Steidl (8), UPI (1)

Das Spohn-Plakat (S. 46) ist zu beziehen über Barbara Spohn, 1 Berlin 13, Heilsberger Dreieck

Inhalt

Das Konzept der Kunst in der politischen Plakatkunst

Kapitel I

Klaus Staeck rechnet mit einem Betrachter seiner Bildobjektive, der sich für Kunst nicht interessiert. Dieser Betrachter wird allenfalls von kunstgeschichtlichen Epochenbezeichnungen sehr allgmeiner Art, etwa Renaissance, Barock oder Moderne irgendwann einmal gehört haben. Er wird Kunst als eine aus dem Alltäglichen herausgehobene Tätigkeit verstehen. Dem Künstler wird er eine Arbeitsform höherer Geistigkeit zuordnen, der der Bezug zu seiner eigenen Lebenspraxis fehlt. Kunst wird ihm als Überlieferung künstlerisch hergestellter Gegenstände gelten, die in den Bereich des Kostbaren gehören. Von vorne herein ist ihm so viel gewiß, daß Kunst nicht von jedem unmittelbar verstanden werden kann und in der Regel erst durch eine Unterrichtung besonderer Art zugänglich wird. Zwischen diesem Betrachter und dem Gegenstand seiner Kunsterwartung befindet sich eine Schwelle, über die er selten oder überhaupt nicht tritt. Staecks Kunst bricht aus dem Rahmen dieser Kunsterwartung aus. Sie zielt darauf, das Auge des Betrachters nicht in der Umgebung, in der es die Begegnung mit der Kunst erwartet, sondern dort zu erreichen, wo sich sein Blick in der alltäglichen Bildwelt ohnehin befindet; durch das Plakat an der Litfaßsäule und an der Anschlagfläche, die der Werbung dient; durch die Postkarte im Medium der gewöhnlichen Mitteilung zwischen Freunden und Bekannten; durch den Aufkleber unvermutet in der Nähe eines Arbeitsplatzes oder an einem Auto. Seit der Nürnberger Plakat-Aktion im Dürer-Jahr 1971 mit dem Plakat „Würden Sie dieser Frau ein Zimmer vermieten?" („Sozialfall") und seit den experimentierenden Eingriffen in die Wahlkämpfe des Jahres 1972 mit den Plakat-Aktionen „Die Reichen müssen noch reicher werden – Deshalb CDU" und „Deutsche Arbeiter Die SPD will euch eure Villen im Tessin wegnehmen" hat Staeck vielfältige Erfahrungen in dieser Kunstpraxis gewonnen. 1972 von der „Frankfurter Allgemeinen Zeitung" (Georg Jappe) als der „im Augenblick wirksamste politische Künstler Deutschlands" bezeichnet, gelang es ihm während der darauffolgenden Jahre, seine Technik zu vervollkommnen und die Wirkung seiner Arbeit zu erhöhen. Dabei bewährte sich deren Verfahren, im technisch hergestellten und industriell vervielfältigten Bildwerk visuelles Klischee und verunsichernde Ironie miteinander zu verbinden. Ist das „noch" Kunst oder „nur" politische Agitation? Der Betrachter, an den diese Kunst sich wendet, wird sie als Agitation auffassen. Er wird sie entweder als Instrument seiner eigenen politischen Auseinandersetzung betrachten und unter Umständen als Instrument benutzen, oder er wird sich als Objekt der Agitation betroffen fühlen. Der Umstand, daß diese Bildobjektive als Kunstgebilde anzusehen sind, bleibt ihm dabei verborgen. In dem technisch-industriell hergestellten Bildwerk der Plakatkunst tritt das Kunstgebilde selbst in einer neuen Hülle auf.

Gleichwohl ist auch die zwiefältige Lesbarkeit als Sichtwerbung für politische Aussagen und als Kunstgebilde für die Wirkung der Plakatkunst wichtig. Um die Jahreswende 1974/75, auf dem Höhepunkt der damals öffentlich geführten Diskussion über eine politische „Tendenzwende" in der Bundesrepublik, verhalf die Irritation angesichts des in die Bildobjekte selber eingearbeiteten Konfliktes zwischen der offenbaren Agitation und der verborgenen Kunstgestalt einer schon stumm gewordenen kritischen Öffentlichkeit zu einer neuen Sprache. Die Kontroverse mit Außenminister Genscher um Staecks Beteiligung an der Londoner Kunstausstellung „Art into Society – Society into Art" wurde zu einem nachhaltig wirkenden Ereignis. Sie hatte sich an der Frage nach dem künstlerischen Wert der Arbeiten von Staeck entzündet. Während die sichtbare Aussage, die den Plakaten aufgedruckt ist, den Anstoß gab, lieferte der Kunstcharakter der Plakatkunst erst den Fall, an dem die öffentliche Artikulation des Einspruches gegen die gedankenlose Anpassung an konservative Tendenzen im Medium der Presse, des Hörfunks und des Fernsehens möglich wurde. In dieser Lage wird man

Der Krieg Das Blatt „Der Krieg" zeigt den künstlerischen Standard, den Klaus Staeck erreicht hatte, bevor er sich ab 1971 ausschließlich der Technik der Plakatkunst zuwandte. Es gehört zu einer Dreiergruppe graphischer Blätter, für die Staeck 1970 mit dem ersten Preis der Heinrich-Zille-Stiftung für sozialkritische Graphik ausgezeichnet wurde. Über seine Arbeit sagte er damals: „Ich habe nicht mehr Möglichkeiten als etwa die Chance der Überzeugungskraft des Diskussionsredners in einer politischen Versammlung." Die politische Versammlung findet aber nicht in der traditionellen Kunsthalle statt. Die beiden anderen mit dem Zille-Preis ausgezeichneten Graphiken sind „New York II" (siehe Seite 160) und „Terror 60". Sie sind abgebildet in der von Ingeborg Karst 1973 herausgegebenen Dokumentation: Klaus Staeck, „Die Reichen müssen noch reicher werden", Rowohlt (das neue buch 40), S. 60 und S. 62/63.

Siebdruck Auflage: 100 1969

Kinderspielzeug, Objekt, 1969

££$$¢%%%()():11122345567789000:;

sich bei der modernen Theorie der Kunst nach einer Erklärung der Plakatkunst umsehen. Dabei stößt man auf einen merkwürdigen Sachverhalt. Seit einer der letzten Arbeiten des 1940 gestorbenen Philosophen, Literaturwissenschaftlers, Schriftstellers und Kunsttheoretikers Walter Benjamin gibt es eine ausgearbeitete Theorie zu dem Problem des Kunstwerkes „im Zeitalter seiner technischen Reproduzierbarkeit". Durch das Wirken Theodor W. Adornos und vieler anderer ist diese Theorie nach dem Tode Benjamins nicht unbekannt geblieben. Ihre Gedanken gehören zum Grundbestand dessen, was über Möglichkeit und Auftrag der Kunst unter den Bedingungen einer hochentwickelten Industriegesellschaft verantwortlich gedacht werden kann. Aber diese Theorie ist in der Geschichte ihrer Rezeption so sehr lediglich als bloß theoretische Erwägung aufgefaßt worden, daß es außerhalb der rigorosen Anwendung moderner Reproduktionstechniken für die Herstellung des Bildobjektes durch Klaus Staeck keinen Künstler gibt, der in seiner künstlerischen Praxis die Probe auf die Gedanken Benjamins gemacht hätte. Nicht nur hatte Benjamin angenommen, unter den technisch veränderten Lebensumständen der Menschen sei eine Reihe überkommener Begriffe der wissenschaftlichen Kunstbetrachtung für die Kunstkritik und für die Theorie der Kunst unbrauchbar geworden. Vorausgesetzt hatte er dabei, daß die Gestalt der Kunstgebilde selbst sich tiefgreifend verändert. Während die Umgebung für das gesellschaftliche und für das individuelle Leben durch die technisch-industrielle Produktion bestimmt wird, verwandelt sich das Aussehen der Kunst.

US-Kultur Die Graphik steht hier als Beispiel für die Themen der politischen Graphik Staecks unmittelbar vor dem Übergang zur Plakatkunst. Als sein generelles Thema nannte Staeck 1970 die Aufgabe, die hinter der „Konsumfassade" versteckten Formen von „Brutalität, Terror und Gewalt" hervorzuholen, um sie zu verdeutlichen. In Vietnam verwendeten die amerikanischen Streitkräfte als taktisches Kampfmittel Chemikalien. In den betroffenen „entlaubten" Zonen wurde die Vegetation für lange Zeit vernichtet. Überdies wirkt die verwendete Chemikalie krebserzeugend. Obwohl der Sachverhalt in der Bundesrepublik seit 1967 bekannt sein konnte und in den Randzonen der öffentlichen Meinung gelegentlich erwähnt wurde, umgingen die Massenmedien seine Darstellung. Staecks Graphik wiederholt ein Zeitungsphoto und versieht dessen Abbildung mit dem Aufdruck eines Schriftzuges. In dem Aufdruck ist die Schrift in der Form wiedergegeben, in der sie zur Kennzeichnung militärischen Gerätes verwendet wird. Technisch unterscheidet sich das Blatt nicht von der Plakatkunst. Aber in der Kunsthalle ausgestellt wird die Graphik als Kunstgebilde aufgefaßt. Der dargestellte Sachverhalt wird dadurch zugleich der politischen Diskussion erneut entzogen und vom Betrachter in den Gegenstand eines Kunstgenusses umgewandelt.

Siebdruck Auflage: 100 1970

Coca-Cola II, Siebdruck, 1970

VIETNAMESISCHE VEGETATION
NACH DER BERÜHRUNG MIT
US-KULTUR

Kunstformen bilden sich, die ihr Entstehen, ihr Dasein und ihre Wirkung nicht mehr jenen Sachverhalten danken, wie sie mit den Begriffen Schöpfertum und Genialität, Ewigkeitswert und Geheimnis beschrieben worden waren. Aus dem Horizont der traditionellen Kunsterwartung angesehen sind sie so nicht mehr als Kunst erkennbar. Legt man einige der Grundgedanken Walter Benjamins mit den Erfahrungen der Kunstpraxis von Klaus Staeck zusammen, bilden sich Elemente des Hintergrundes aus, vor dem das Zentrum künstlerischer Arbeit steht. Zwar ist es für die Aufnahme der Bildobjektive Staecks nicht wichtig, sie im Blick auf diesen Hintergrund zu sehen. Wenn wir sie aber vor diesem Horizont betrachten, sind sie weit davon entfernt, lediglich Randzonen des Kunstbegriffes zu besetzen.

Sieg Heil Staecks erster Versuch einer Plakataktion fand schon im Jahre 1969 statt. Damals mußte damit gerechnet werden, daß die rechtsradikale NPD bei der Bundestagswahl im Herbst des Jahres die 5%-Klausel überspringt und den Einzug in den Deutschen Bundestag erreicht, nachdem sie in einer Reihe von Landtagen bereits vertreten war. Das Anti-NPD-Blatt wurde zunächst als konventionelle Graphik in limitierter Auflage für Kunstinteressierte hergestellt. Auf die Formate DIN A5 und DIN A1 gebracht, wurde es erst danach auch als Plakat verbreitet. Auf ein Handzettelformat zusätzlich verkleinert (13,5×10 cm) wurde es dann in einer Anzahl von jeweils 120 Stück nach Art eines Abreißblockes zusammengeklebt. Durch einen Umschlag erhielt der Block das Aussehen eines Buches. Auf der Innenseite des Umschlages war eingedruckt: „Machen Sie Ihre eigene Plakataktion." Bei der Hälfte der pro Buch verwendeten Handzettel stand an der Stelle des Eindruckes „NPD" der Text „Sieg Heil". Klaus Staeck selbst hat lediglich das Buch als ein Objekt verkauft. Er hat weder die Handzettel verteilt, noch hat er ein Plakat geklebt. Erst einige Käufer haben Handzettel und Plakat an Häuserwänden und an Anschlagflächen angebracht.

Offset Auflage: Plakat, Handzettel, Abreißbuch 6000 1969

Original NPD-Plakat, 1972

NPD

Kapitel II

Die Ausbildung einer neuen Erscheinungsform der Kunst, die nicht sogleich als Kunst erkennbar ist, liegt weder im Belieben des einzelnen Künstlers noch verdankt sich ihre Herkunft dem abstrakten Interesse an einer materialistischen Kunsttheorie. Ihre Begründung ist auch nicht mit Motiven der Kritik an der kapitalistischen Gesellschaftsordnung identisch, wenngleich die durch Industrialisierung durchgängig bestimmte Lebenswelt der Menschen geschichtlich innerhalb der Bedingungen dieser Gesellschaftsform entwickelt worden ist. Um dieses Mißverständnis – das immerhin auch möglich wäre – abzuwehren, hat Benjamin der überarbeiteten Fassung seiner Abhandlung eine Äußerung Paul Valérys vorangestellt. Man wird sie allenfalls materialistisch, aber nicht ohne weiteres marxistisch nennen können. „Die Begründung der schönen Künste und die Einsetzung ihrer verschiedenen Typen geht auf eine Zeit zurück, die sich eingreifend von der unsrigen unterschied, und auf Menschen, deren Macht über die Dinge und die Verhältnisse verschwindend zu der unsrigen war. Der erstaunliche Zuwachs aber", heißt es hier, „den unsere Mittel in ihrer Anpassungsfähigkeit und in ihrer Präzision erfahren haben, stellen uns in naher Zukunft die

Heidelberger Schloß (Innenhof) Bereits seit 1960 experimentierte Staeck mit der Postkarte als Medium für den Transport künstlerischer Graphik. Als Verleger bemühte er sich ab 1968 zugleich darum, andere Künstler für dieses Medium zu interessieren. In verschiedenen Serien beteiligten sich inzwischen Altorjay, Antes, Beuys, KP Brehmer, Byars, A. Dias, Haacke, Hamilton, Heerich, Heubach, Higgins, Jungwirth, Knowles, Krüll, John Lennon, Nöfer, Yoko Ono, Pezold, Nam June Paik, Phillips, Polke, Rautenbach, Rosenbach, Rot, Schnyder, Vostell und Wewerka. Staeck selbst hat seine eigenen Serien aufgebaut. Die Karte „Heidelberger Schloß" steht hier für die Schlagfertigkeit des Mediums. Während des Rechtsstreites mit der CDU über das Plakat „Die Reichen müssen noch reicher werden" 1972 wurde Staeck von dem Rechtsanwalt der CDU empfohlen, sich doch als Heidelberger Künstler mehr dem Schönen zuzuwenden, zum Beispiel dem Heidelberger Schloß. Daraufhin wurde von Staeck die Postkarte gedruckt. Ihr liegt ein Originalphoto zugrunde.

Offset Auflage: Postkarte 16000 1972

Schnabeltasse für pensionierte Diktatoren, Objekt, 1969

eingreifendsten Veränderungen in der antiken Industrie des Schönen in Aussicht." Antik nennt Valéry die vorindustrielle Produktion der Kunstgebilde, also die handwerklichen Tätigkeiten wie das Malen, Zeichnen, in den Druckstock Schneiden oder Reißen. Entsprechend weitsichtig fällt seine Vermutung dort aus, wo sich der Gedanke jenem Teil des Kunstwerkes zuwendet, den die alten Theoretiker „Invention", Erfindung, nannten, und nach dem wir in der Regel auf den ersten Blick der Kunst eines Kunstwerkes gewahr werden, um das Werk als Kunstgebilde anzusehen: „In allen Künsten gibt es einen physischen Teil, der nicht länger so betrachtet und so behandelt werden kann wie vordem; er kann sich nicht länger den Einwirkungen der modernen Wissenschaft und der modernen Praxis entziehen. Weder die Materie noch der Raum, noch die Zeit sind seit zwanzig Jahren, was sie seit jeher gewesen sind. Man muß sich darauf gefaßt machen, daß so große Neuerungen die gesamte Technik der Künste verändern, dadurch die Invention selbst beeinflussen und schließlich vielleicht dazu gelangen werden, den Begriff der Kunst selbst auf die zauberhafteste Art zu verändern." In der Umänderung der Kunstgestalt bis in den Bereich des kaum noch als Kunst Identifizierbaren spielen sich Vorgänge ab, die mit jenen kollektiven Erfahrungen zusammenstimmen, in denen wahrgenommen wird, daß sich die materiellen Grundlagen der gesellschaftlichen Lebenspraxis umgewandelt haben. Deshalb liegt nichts Überraschendes darin, daß Staeck, theoretisch unberaten, seine Technik der Plakatkunst als Autodidakt entwickelt hat. 1938 in Pulsnitz bei Dresden geboren und bis 1956

Warum gerade Staeck Die Postkarte ist im Rahmen der Auseinandersetzung um Staecks Beteiligung an der Londoner Kunstausstellung im November 1974 „Art into Society – Society into Art" entstanden. Nachdem Außenminister Genscher die finanzielle Unterstützung für den Druck des Ausstellungskataloges aus Mitteln des Haushaltes der Bundesrepublik wegen Staecks Beteiligung nachträglich gerügt hatte, empfahl Heinrich Böll ironisch, dann doch künftig Herrn Ziesel (Herausgeber des rechtsradikalen „Deutschland-Magazins" und Herrn Zehm (Redakteur der Zeitung „Die Welt") als Repräsentanten der Bundesrepublik nach London zu schicken. Daraufhin fragte Günther Zehm in der „Welt": „Warum schickt man die politischen Collagen von Staeck und nie die politischen Karikaturen von Köhler und Hicks ins Ausland?" Der Zeichner Hicks arbeitet heute für die Zeitung „Die Welt". Während der Herrschaft des faschistischen Regimes in Deutschland arbeitete er für NS-Zeitungen. Die Abbildung zeigt eine seiner Arbeiten aus dem Jahre 1942. Zur Kontroverse liegt eine Dokumentation vor: „Der Fall Staeck", herausgegeben von Ingeborg Karst, Verlag Steidl, Göttingen 1975, 350 Seiten.

Offset Aufl.: Plak. 1000, Postk. 10000, KONKRET-Poster 50000 1974

Original Hicks-Karikatur, 1941

Springer Presse empfiehlt

Warum schickt man Staeck und nicht Herrn Hicks nach London?

(Günter Zehm am 13. 1. 75 in der "Welt")

Arbeitsprobe des NS-Agitators und Springer-Karikaturisten Hicks aus dem Jahr 1942.

Verantwortlich: PDI/KONKRET
Kurt Hirsch/
Hermann L. Gremliza

in Bitterfeld aufgewachsen, bedeutete ihm, der kleinbürgerlichen Familienverhältnissen entstammt, innerhalb des Erziehungssystems der DDR Kunst zunächst die Möglichkeit, eine relative Freiheit auszunutzen. Die Erfahrung möglicher Identität der Interessen an künstlerischer Arbeit und an der Auseinandersetzung mit der gesellschaftlichen Umwelt verdankt er jenen Jahren. Nach Heidelberg, in die Bundesrepublik übergesiedelt, war für ihn der Besuch einer Kunstakademie nicht möglich. Das Verlegenheitsstudium der Juristerei auswählend – diese Wahl verbindet die Aussicht auf eine relativ solide Ausbildung in einem die Freizeit nicht zu sehr einschränkenden Ausbildungsgang mit der Hoffnung, sich für die spätere Berufstätigkeit einen Spielraum offen halten zu können –, galt es für ihn jetzt zunächst, im Instrument der Kunsterzeugung nicht einen gesellschaftlich bedrohten, sondern einen Freiraum in der privaten Konstellation des individuellen Bewußtseins herzustellen. Wie bei vielen Autodidakten gleicht das dabei verwendete Verfahren dem Ablauf eines pathogenen Schockes, in dem die Hauptstationen einer außerhalb der Sphäre der Person schon längst vollzogenen Entwicklung zusammengepreßt zu einer kurzen Phase sich noch einmal wiederholen. In der ersten Ausstellung 1961 präsentierte sich Staeck als Maler großflächiger Farbkompositionen, deren Darstellung durchlebter Spontaneität dem Standard der Kunst des „action painting“ etwa wie bei Ernst Wilhelm Nay entsprach. Heute möchte Staeck nicht gerne auf diese Bilder angesprochen werden.

Sozialfall Das Plakat wurde während der Feierlichkeiten in Nürnberg aus Anlaß des Dürer-Jubiläums 1971 an kommerziell anmietbaren Anschlagflächen der Stadt, an 300 Litfaßsäulen, geklebt. Der kommerzielle Vorgang, 300 sogenannte „Allgemeinstellen“ („Litfaßsäulen“) anzumieten, wurde von Staecks Freund, Verleger, Drucker Gerhard Steidl abgewickelt, der als „Steidl-Werbung“ Göttingen, auftrat. Die Gebühr für die Anmietung der Werbeflächen betrug DM 480; die ganze Aktion kostete rund DM 1000. Verkauft wurde das Plakat zu diesem Zeitpunkt nicht. Die Resonanz der Aktion war außerordentlich groß. Bis zu zweihundert Leute täglich erkundigten sich bei der Stadtverwaltung nach dem Hintergrund des Plakatanschlages, ohne daß die von der Aktion selbst überraschte Verwaltung darüber hätte Auskunft geben können. Nachdem Journalisten Staeck als den Urheber ausfindig gemacht hatten, erklärte Staeck in einem Interview: „Ich sehe meine Arbeiten als einen Angriff auf die Klischees, die aus Dürer-Arbeiten entstanden: Kerzen mit Dürer-Händen und anderes. Das ist die Heuchelei.“ Das Plakat geht von dem originalen Farbton des Mutterbildnisses von Albrecht Dürer aus. Für den Abdruck in diesem Buch sind die Farben aller Plakate, soweit sie wiedergegeben werden, für die Sicht auf die Plakate im Zusammenhang des Buches neu eingerichtet. Die graphische Einrichtung des Buches ist eine Arbeit von Gerhard Steidl und Klaus Staeck.

Offset/Siebdruck Aufl.: Graphik 130, Plak. 7000, Postk. 51000 1971

Plakataktion Nürnberg, 1971

Würden Sie dieser
Frau ein Zimmer
vermieten?

In der artifiziellen Bildwelt der Antike tritt die Karikatur nicht auf. Für die Kunstbetrachtung Benjamins ist die Erklärung vorbildlich, die Eduard Fuchs, der Kunsthistoriker der Karikatur, dafür gegeben hatte. Die Karikatur, wie sie sich in vollendeter Gestalt bei Daumier findet, ist eine Massenkunst. Sie setzt die Existenz technischer Verfahren voraus, um Bildwerk in einer sehr großen Anzahl immer wieder zu reproduzieren. Das Altertum kannte nur zwei dafür geeignete Verfahren, Guß und Prägung. Technisch wäre allein die Münze geeignet gewesen, ein flächiges Bildwerk vielfach abzudrucken. Deren Fläche war aber zu klein, um das zur Karikatur verschobene Bild wiederzugeben. Die Idee der Einmaligkeit des einzelnen Kunstgebildes wird von Benjamin aus der geschichtlichen Wirkung des technisch-ökonomischen Zwanges hergeleitet. Erst die Erfahrung der durch das Material gegebenen Grenze habe die Theorie herausgebildet, nach der das einzelne Kunstwerk unter der Idee der Ewigkeit auf Einmaligkeit und Dauer hin angelegt sein soll. Bei Staeck läßt sich – umgekehrt – verfolgen, wie der technisch-ökonomische Zwang von dem nicht reproduzierbaren Einzelwerk weg zur Suche nach Reproduktionsmöglichkeiten führte. In dem kleinen Zimmer eines Studentenwohnheimes gibt es keinen Raum zur Aufbewahrung großflächiger Gemälde. Die erforderlichen Materialien sind teuer. Die Schwierigkeiten bei der Realisation von Ausstellungen können nicht überwunden werden. Dem gegenüber ist der Druck auf der Grundlage des Holzschnittes einfach. Das Blatt wird nach dem Druck gerollt und im normalen Postverkehr zu den Ausstellungsorten geschickt. Als

Zur Konfirmation Ende 1970 hatte Staeck für das Dürer-Jahr 1971 eine Folge von sechs Graphiken unter dem Titel „Fromage a Dürer" herausgegeben. Die Blätter waren nach der Art des konventionellen Kunstbetriebes in der Auflage limitiert und wurden, einzeln signiert, über den Kunsthandel vertrieben. Nach der Nürnberger Plakataktion „Sozialfall" druckte Staeck dasselbe Bild als Plakat und Postkarte. Durch die Phototechnik unterliegt die Umsetzung auf verschiedene Formate keiner technischen Begrenzung. Verzichtet wurde bei dem Übergang von einem Objekt des Kunsthandels zur Darstellungsform des Plakates lediglich auf die Verwendung besonders wertvoller Papiersorten. Der Verzicht ist deshalb möglich, weil das Blatt nicht mehr für dieselbe Dauer einer Aufbewahrung in den Händen des Sammlers oder im Museum hergestellt wird.

Offset/Siebdr. Aufl.: Graphik 140, Plakat 3500, Postk. 67000 1970

Tag der Menschenrechte, Siebdruck, 1971

Staeck 1970 den 1. Preis der Heinrich-Zille-Stiftung für sozialkritische Graphik erhielt, hatte er über 20 Einzelausstellungen und die Beteiligung an den wichtigsten internationalen Graphikausstellungen erreicht. Rund fünf Jahre ausschließlich graphischer Arbeiten waren vorausgegangen.

1970 hatte sich Staeck über den Holzschnitt hinaus schon neue Drucktechniken erschlossen und Photomaterialien als optische Zitate in die Bildfläche eingebaut. Dazwischen liegt die Konzentration auf sehr kleine, miniaturisierte Bildformate, in deren Phasen Staeck für sich die Darstellungsprobleme der aktuellen künstlerischen Umwelt noch einmal wiederholte. Georg Bussmann hat damals den verkürzten Phasenablauf beschrieben. Von der Spontaneität des „action painting" – jetzt übertragen auf das Korrektiv des kleinen Druckstockes – über tachistisch aufgenommene Bildobjekte zu einer nachtachistischen Ästhetik, die strenge Bildordnungen zurückholt. Elemente der „Neuen Abstraktion" tauchen auf. Parallelen zu Gauls „Signalkunst" werden entwickelt. Jens Christian Jensen schreibt 1968: „Die Flächen stehen in kräftigen Farben nebeneinander, Kreise bilden sich, ‚komponierte Geometrie', die nun freilich in der Kraft ihrer gedrängten Form ‚Signale' setzen." Zum Beispiel experimentierte Staeck lange mit einer tachistisch in den Druckvorgang aufgenommene Metallspange eines Strumpfhalters, deren ikonographische Bedeutung offensichtlich ist. Charakteristisch

Beteiligungen des Vatikans

Industrie	Chemie, Bergbau, Lebensmittel, Automobilbau Telefonbau, Stahlproduktion Maschinenbau Reifenproduktion Rüstung
Bauindustrie, Immobilien	Maklerfirmen, Baufirmen, Hotelbetriebe, Baumaterialien, Sanitärkeramik, Zement
Banken und Versicherungen	14 Bankgesellschaften 8 Versicherungen Kreditinstitute
Versorgungswerke	Gaswerke Telefongesellschaft mit Rundfunk- und Fernsehbeteiligung Wasserwerke Elektrizitätswerke
Sonstige	Reedereien Fluggesellschaft Reisebüro

Beteiligungen des Vatikans (aus: „Der Spiegel", Nr. 21, 1970)

Am Anfang war das Geld Der Text spielt auf die theologische Streitfrage an, ob sich die Welt aus dem „Wort" oder aus der „Tat" herleitet. Die gedankenlos ritualisierte Verehrung von Kunstwerken, der gerade auch die Werke Albrecht Dürers unterworfen sind, hat einen ihrer geschichtlichen Gründe darin, daß Kunstwerke – Darstellungen des Schönen als Bildnisse des Heiligen – innerhalb der religiösen Riten verwendet werden. Dadurch wird die Kunst aus dem Zusammenhang mit der gesellschaftlichen Arbeit willkürlich gelöst. Was zu dem Reichtum der menschlichen Möglichkeit gehört, sich mit der sozialen Umwelt auseinanderzusetzen, wird zu einem Teil des Reichtums, auf dem sich kirchliche Herrschaft gründet. So sind in den prunkvollen Domschätzen die Motive des Reichtums und der Schönheit und der Herrschaft als etwas Kostbares verbunden. Heute werden diese Schätze in der Regel nicht mehr öffentlich herumgetragen. Aber in der Bundesrepublik ist die Finanzausstattung der kirchlichen Verwaltung an die allgemeine Lohn- und Einkommensteuer gekoppelt, so daß sich durch jeden erfolgreichen Tarifabschluß der Reichtum vermehrt, der sich in den Verwaltungen der Kirchen ansammelt.
Offset/Siebdruck Aufl.: Graphik 150, Plak. 3200, Postk. 18000 1973

Am Anfang war das Geld

aber wurde für ihn der Zwang, sich die graphischen Abdrucktechniken autodidaktisch zu erarbeiten: weniger auf die Vollendung des einzelnen Werkstückes zielte seine Arbeit, als auf die Probe der verschiedenen Techniken. Das Signal bedeutete ihm dabei nicht so viel als Zeichen, denn als Möglichkeit der drucktechnischen Vermischung. 1967 für die 13 Graphiken des Kalenders „Konsumgedenktage '68" verwendete er alle Techniken, die er sich bis dahin erschlossen hatte, übereinander: Holzschnitt, Linolschnitt, Siebdruck, Buchdruck, Collage. Das Blatt „Coca Cola Day" aus dieser Serie zeigt in der Kombination von Holz- und Linolschnitt mit dem Buchdruck das Schriftzeichen „Coca Co...", drei Sterne aus der amerikanischen Nationalfahne und das Photo des Kopfes eines gefolterten Vietnamesen über dem rauh wiedergegebenen Hintergrund einer großen Fläche aus der Maserung des Holzes. (Das Blatt ist abgebildet in der von Ingeborg Karst herausgegebenen Dokumentation: Klaus Staeck, „Die Reichen müssen noch reicher werden", Rowohlt Verlag [das neue buch 40], 1973, S. 53.) 1970 bei seinen Ausstellungsstücken für die Karlsruher Ausstellung „Kunst und Politik" war Staeck ganz auf die Verwendung von Photomaterialien übergegangen, die in einem photographischen Verfahren, nicht mehr auf dem Druckstock selbst, dem Druckvorgang als Bildvermischung zugrunde lagen. Der unausgesetzt anhaltende ökonomische Zwang hatte Staeck die Effektivität des Photodruckes erschlossen.

Brot für die Welt Unter den Begriffen „Brot für die Welt" und „Misereor" sammeln kirchliche Hilfswerke Gelder für die Finanzierung von Projekten der Entwicklungshilfe in Ländern der Dritten Welt. Der Anteil der für soziale Zwecke ausgegebenen Gelder aus dem normalen Finanzaufkommen der kirchlichen Verwaltungen ist aber gering. In seinem Beitrag zu dem Buch „Kunst-Praxis heute" von Karin Thomas (Köln 1972) hat Staeck erklärt: „Mir liegt nichts ferner, als gegen die Bewältigung ästhetischer Probleme zu polemisieren. Nur: allzu oft dient der Ästhetikvorwand dazu, bewußt von der als unbequem empfundenen Realität abzulenken. Manche Künstler sind bestenfall opportunistische Fluchthelfer aus der als schlimm empfundenen Welt; eine besondere Form des Betruges. Nur so ist der Erfolg dieser Scharen von Illusionisten, Phantasten, Postsurrealisten, Wiener Schülern etc. zu erklären; nicht zu vergessen die meist epigonalen Spätkonstruktiven und die Op-Flimmerer à la ,Schöner Wohnen'. Weite Bereiche der Gegenwartskunst ließen sich bequem unter die Rauschmittel subsumieren." „Schöner Wohnen" lautet der Titel einer um gepflegte Wohnkultur bemühten Zeitschrift, in der Kunstgebilde als Ausstattungselemente des privaten Wohnens angepriesen werden. Mögen die Künstler ihre Tätigkeit auch als soziale Arbeit auffassen, in der gesellschaftlichen Rezeption verwandeln sich die Bilder in Schmuckstücke für die Darstellung des Reichtums.

Offset Auflage: Postkarte 12000 1976

Originalplakat der evangelischen Kirche, 1975

Brot für
die Welt

Kapitel III

Der Photosatz ist die drucktechnische Grundlage des Plakates. Das Plakat tritt unter den gegebenen Bedingungen der Gesellschaftsorganisation als ein Instrument der Werbung für den Verkauf von Waren auf. Die Warenwerbung hat ein zentrales Element des traditionellen, nicht reproduktiven Kunstvorganges in sich aufgenommen, das Motiv der Ausstellung. Sie stellt die Waren aus, bringt sie in die kollektiv erfahrenen Bildwelten hinein, um sie der Wahrnehmung durch viele Menschen zugänglich zu machen. Indem die Werbung die öffentliche Ausstellung von irgend etwas organisiert, wiederholt sie in sich, was alle Kunst unter anderem auch beabsichtigt: das Kunstgebilde im Wahrnehmungsraum der Menschen als etwas für die Menschen Sichtbares zu präsentieren. Für eine marktwirtschaftlich organisierte Industriegesellschaft ist dieser Vorgang ökonomisch wichtig. Die Ausstellbarkeit der einzelnen Ware (des Produktes) zu erreichen, ist eine Voraussetzung dafür, daß die Ware als Massenprodukt den Ort ihres Entstehens (die Fabrik) verläßt, um an jene von dem Produktionsort entfernt gelegenen Stellen zu gelangen, an denen der Verbrauch stattfindet, dem die Ware zubestimmt ist. Der Massenproduktion korrespondiert als eine Bedin-

Es lebe § 218 1975 erklärte das Bundesverfassungsgericht das von der sozialliberalen Regierungskoalition nach einer langen und gewissenhaft geführten Diskussion im Bundestag beschlossene Gesetz zur Reform des Abtreibungsverbotes („§ 218") für nicht vereinbar mit dem grundgesetzlich garantierten Schutz des Lebens. Staecks Plakat wurde, mit einem speziellen Eindruck versehen, für die Ankündigung einer Inszenierung des Schauspieles „Cyankali" von Friedrich Wolf im Stuttgarter Staatstheater verwendet. Das Theaterstück aus den zwanziger Jahren wendet sich gegen die traditionelle Fassung des Abtreibungsverbotes.

Offset Aufl.: Plakat 4500, Postk. 15000, DAS DA-Poster 60000 1975

Plakat für das Württembergische Staatstheater Stuttgart, 1975

Es lebe § 218
Der Beitrag des Bundesverfassungsgerichts zum Jahr der Frau

gung der ihr zugehörigen massenhaften Destruktion (des Verbrauches) die Vervielfältigung des Bildes der Ware. Das vervielfältigte Bild muß zunächst dorthin gelangt sein, wohin das Produkt erst noch gelangen soll. Ehe der Verbraucher nach der Ware greift, haben durch die Werbung die photographischen Abbildungen des Produktes, im Druck vervielfältigt, ihn erreicht. Durch die photographische Abbildungstechnik, die der Photodruck zu einem Bestandteil des Warenaustausches der Massenproduktion gemacht hat, entwickelte sich die reproduktive Ausstellungstechnik zu einem zentralen Element innerhalb der ökonomischen Grundlagen der marktwirtschaftlich organisierten Industriegesellschaft. Die Technik, ohne Gravur in einem festen Material als Druckstock unmittelbar vom Film die Abbildung in den vervielfältigenden Druckvorgang selber überzuleiten, ist ökonomisch als Instrument für den Prozeß des Warenaustausches ausgebildet worden. (In der Photokopie ist ein analoges Verfahren für die Büroorganisation geläufig.) Eine Theorie der Werbung, die deren Funktion im Zusammenhang mit den überkommenen Problemen der Ästhetik beschreibt, hat erst Wolfgang F. Haug aufgestellt („Kritik der Warenästhetik", Frankfurt 1971). Haug verbindet die Kritik an der Übernahme ästhetischer Qualitäten, die traditionell den Kunstvorgängen vorbehalten waren, durch die Werbung mit einer Kritik an der kapitalistischen Gesellschaftsordnung. Deren Warenproduktion zerstöre nicht allein in der Weise den produzierenden Menschen, daß sie ihm ständig das Produkt seiner Tätigkeit, über das er nicht selbst bestimmt, entzieht; sondern die Ästhetik des Verkaufes zerstöre

Jungwählerprozession Seit die politische Theorie als eine ihrer Aufgaben begriffen hat, die sozialpsychologischen Voraussetzungen des Faschismus zu erklären, ist die Tatsache bekannt, daß es sich bei der gesellschaftlichen Angsterzeugung um ein elementares Mittel für die politische Manipulation einer Bevölkerung handelt. Der Faschimus hat aber diese Methode nicht erfunden, sondern nur angewandt. Während die intellektualistischen Richtungen des Christentums die Lehre von der ewigen Verdammnis der Seelen rationalistisch auszudeuten suchen, verwendet das politische Christentum die Vorstellung von der Hölle, von dem Feuer, in dem die Sünder brennen, und vom dem Teufel, der das Feuer schürt, als Instrument seiner politisch-religiösen Mission. In der Angst vor dem im Angesicht des ewigen Lebens als Feind gedachten Tod liegt das in der christlichen Geschichte beständige Manipulationsinstrument, um durch immer wieder neue, austauschbare Bilder des „Feindes" – die in leeren, deshalb angsterzeugenden Worten vorgestellt werden – den Anspruch praktisch zu begründen, den das Christentum theoretisch auf diese Welt erhebt.

Offset Auflage: Postkarte 12000 1976

Kirchenprozession in Spanien

Jungwählerprozession im Erzbistum Köln

zugleich die Grundlagen der Kunst, indem sie jene Mittel, die für den Ausdruck des Verlangens nach Menschlichkeit ersonnen worden waren, zum Instrument der unmenschlichen Warenwirtschaft mache. Walter Benjamin, der den Photosatz als Vervielfältigungstechnik photographischen Bildmateriales noch nicht kannte, hatte sich den Zusammenhang zwischen der technischen Reproduktion von Bildwerk und dem Problem der Kunst ohne den Blick für die gesellschaftliche Funktion der Werbung aufgeschlossen. Um den historischen Abstand zwischen unserer und der Lage Benjamins zu ermessen, kann auf eine seiner vorausschauenden Bemerkungen aus dem Jahre 1931 zurückgegangen werden: „Und wirklich scheint der Tag vor der Tür zu stehen, da es mehr illustrierte Blätter als Wild- und Geflügelhandlungen geben wird." Für Benjamin, den scharfen Beobachter der Lebensbedingungen in der modernen Stadt, hatte die technisch hergestellte Abbildungsflut die Bildwelt des Alltäglichen noch nicht erreicht. Bei einem Gang durch die Großstadt begegneten ihm 1931 weitaus mehr Wild- und Geflügelläden als Zeitschriftenauslagen mit Illustrierten vor Kiosken und in Geschäften. Dabei wurde vorwiegend durch die Illustrierten die photographische Abbildung alltäglich – wenn man vom Film absieht, der aber den Rummelplatz verlassen hatte und mit seinem photographischen Bildwerk in die aus dem Alltäglichen herausgehobenen Aufführungspaläste eingekehrt war. Gleichwohl ist auch Benjamins theoretischer Hinweis auf die Bedeutung der technischen Reproduktion für die weitere Ausbildung der Kunst freudlos. Das Medium, innerhalb dessen er sich die technische

Der Himmel gehört allen Seit 1960 ist Staeck Mitglied der Sozialdemokratischen Partei Deutschlands. Er hat innerhalb der SPD all die Tätigkeiten ausgeübt, die gelegentlich als „Ochsentour" bezeichnet werden; Plakatekleben, Rednereinsätze auf dem Lande, Wahlfunktionen in örtlichen Vorständen, Kandidatur für den Gemeinderat auf aussichtslosem Listenplatz usw. Aus der Schule dieser Arbeit war ihm der Gedanke vertraut, daß die politische Initiative erst dann etwas bewirkt, wenn sie sich aus der Darstellung des allgemeinen politischen Zusammenhanges löst und in dem Einzelfall konkret wird. Diesen Gedanken versucht er auf die Praxis der Plakatkunst zu übertragen. Staeck 1973: „Die flatternde rote Fahne am Horizont tut niemandem weh, aber der profitgierige Vermieter, der schamlos die Notlage der Mieter ausnützt, hat Angst, daß man ihm auf die Finger haut." Niemand würde dem allgemeinen Grundsatz widersprechen, daß die Seeufer der erholungsbedürftigen Bevölkerung zugänglich sein sollten. Aber das Schild mit dem Namen des Großgrundbesitzers Finck abzudrucken, betrifft die Sphäre des Konkreten, indem der Druck das Bild des anstößigen und gegebenen Einzelfalles exemplarisch wiederholt.

Offset/Siebdruck Auflage: Plakat 6000, Postkarte 55000 1973

Staeck-Ausstellung in Köln , 1975

Der Himmel gehört allen
die Erde wenigen
Privat!
Kein Zutritt!
Baron August von Finck

Bildherstellung vergegenwärtigte, war der Film mit seiner aufbrausenden Entwicklung während der zwanziger Jahre; und zwar der Stummfilm. Dessen Rezeption, das Publikumsinteresse, das er nicht so sehr erzeugte als befriedigte, deutete auf eine der tiefgreifenden Veränderungen des menschlichen Wahrnehmungsapparates hin, wie sie sich „innerhalb großer geschichtlicher Zeiträume" „mit der gesamten Daseinsweise der historischen Kollektiva" vollziehen. Die hier in Frage stehende Veränderung ist aber von der Art, daß die menschliche Rezeptionsbedingung, die Wahrnehmnung, für die traditionell, nicht reproduktiv hergestellten Kunstgebilde innerhalb der Seelenkonstitution der Menschen selbst zerfällt. Historisch gesehen ist diese Auflösung dem Entstehen der technischen Reproduktion vorausgegangen. Sie ist im wesentlichen abgeschlossen. Sie ist das Urgeschehen in Benjamins Begriff des 19. Jahrunderts.

Benjamin hat die kollektive Veränderung der psychischen Mechanismen unter den Existenzbedingungen der Industriegesellschaft nicht aus einer Rekonstruktion der im 19. Jahrhundert neuen Arbeitswelten hergeleitet. Seine Methode zielt weniger darauf, die Umänderung des menschlichen Wahrnehmungsapparates zu erklären, als vielmehr darauf, sie beschreibend darzustellen. Zwar verweist er auf Analogien zu dem ein besonderes Bewußtseinsverhalten erzwingenden Effekt der Arbeit an Maschinen nicht handwerklicher Art, deren Rhythmus aus dem Takt des maschinellen und nicht aus

Eigentum verpflichtet Staeck arbeitet seit 1967 mit dem Mittel der photographischen Abbildung, wobei er am Anfang in den Druck vom Druckstock des Holzschnittes den Abdruck des Klischees der photographischen Abbildung einarbeitete. Nachdem er begonnen hatte, nicht nur traditionelle Kunstgraphik, sondern Plakate herzustellen, wurde für ihn durch Wieland Herzfeldes Buch über John Heartfield, „John Heartfield, Leben und Werk", in der 2. Auflage Dresden 1970, deutlich, daß es sich bei der reinen Photomontage um eine längst traditionell gewordene Kunstform handelt. John Heartfield, 1891 bis 1968, war ursprünglich an dem Berliner Kreis der politisch-künstlerischen Dada-Bewegung orientiert (um 1916). Er versuchte später, deren künstlerischen Impuls in einen organisiert politischen Zusammenhang zu bringen. Seit 1918 war er Mitglied der KPD. Heartfields Montagen gehören heute zu den klassischen Zeugnissen für die Entstehung dieser Kunstform und für deren politische Verwendung. Klaus Staeck wendet hier Heartfields Verfahren an, Sinnbilder aufzubauen. Dabei reduziert er den bei Heartfield in der Regel komplizierten Bildaufbau auf die einfachsten Elemente. Generell liegt diese Reduktion für Staeck unter anderem auch deshalb nahe, weil er technisch ganz andere Möglichkeiten hat, das Darstellungsinstrument der Farbe zu verwenden, als John Heartfield.

Offset/Siebdruck Auflage: Graphik 150, Plakat 5500, Postkarte 33000, Aufkleber 20000 1973

Aufkleber, Format 10,5 × 6,5 cm

Eigentum verpflichtet zur Ausbeutung
Grundgesetz Artikel 14 (Neufassung)
St.Jacobi
Kirche
Theaterstraße
527
1478
1479

dem des menschlichen Arbeitsablaufes hergeleitet ist. Aber seine Kenntnisse sind nicht so genau, daß sie dessen Rekonstruktion als Grundlage für eine Argumentation verwenden könnten. Überdies verfügten auch Karl Marx und Friedrich Engels keineswegs über einen hinreichend anschaulichen Einblick in die betriebsinternen Situationen. Zu deren Auffassung wahrt Benjamin dadurch einen lockeren Kontakt, daß er sich nebenher auf eine ihrer Grundthesen genereller Art bezieht. „Aller kapitalistischer Produktion ... ist es gemeinsam, daß nicht der Arbeiter die Arbeitsbedingung, sondern umgekehrt die Arbeitsbedingung den Arbeiter anwendet, aber erst mit den Maschinen erhält diese Verkehrung handgreifliche Wirklichkeit." Diejenigen wahrgenommenen Anschauungsmaterialien des 19. Jahrhunderts, die Benjamin rekonstruiert, sind nicht der Fabrik, sondern der modernen Stadt entnommen. In der Reihe der ersten zeitgenössischen Stadtbeschreibungen herangezogen – diese Reihe wird ihm durch E.T.A. Hoffmann und Edgar Poe bestimmt – ist ihm das Engelsche Frühwerk über „Die Lage der arbeitenden Klassen in England. Nach eigenen Anschauungen und authentischen Quellen" (1845) wichtiger als die späteren Analysen des politisch-ökonomischen Prozesses. Aber auch diese Beschreibung dient Benjamin nur als Folie, um vor deren Hintergrund die „innere Figur" der in der modernen Stadt entstandenen Dichtung Baudelaires hervorzuheben. In dieser Dichtung sei die tiefgreifende Veränderung des Wahrnehmungsapparates lautbar geworden, welcher die kollektive Lebenswelt der Moderne ihrerseits entspricht. Benjamins kommentierende Abhand-

For wider streets Unter dem Titel „Art into Society – Society into Art" stellten die Künstler Albrecht D., Joseph Beuys, KP Brehmer, Hans Haacke, Dieter Hacker, Gustav Metzger und Klaus Staeck 1974 ihre Arbeiten auf Einladung des Institute of Contempory Arts in London aus. Die Ausstellung sollte einen charakteristischen Einblick in den gegenwärtigen Stand einer Kunstpraxis in der Bundesrepublik möglich machen, die sich ausdrücklich im Beziehungsbereich Kunst und Gesellschaft bewegt. Dafür sollte sie ein repräsentatives Spektrum der einander entgegengesetzten Arbeitsrichtungen wiedergeben. Die Postkarte „Für breitere Straßen – Wählt konservativ" hat Staeck aus Anlaß dieser Ausstellung für deren Londoner Besucher hergestellt. Der CSU-Bundestagsabgeordnete Schulze-Vorberg fand, daß sich in der Ausstellung „eine Reihe von Plakaten einseitig polemisch und verletzend gegen die CDU/CSU und insbesondere gegen Franz Josef Strauß" wende, und „unfaßlich" erschien ihm, „daß unter Verantwortung der Bundesregierung und von ihr finanziert solche geschmacklosen Verleumdungen möglich sind". Der FDP-Außenminister Genscher hat dieser Auffassung nicht widersprochen. Allerdings fand die Ausstellung nicht unter der Verantwortung der Bundesregierung statt, sondern – im Rahmen des vom Goethe-Institut organisierten „Deutschen Monats" – unter der eines unabhängigen britischen Veranstalters. Als die von diesem Veran-

Offset Auflage: Postkarte 16000 1974

Englands Weg in die EWG, Postkarte, 1971

For wider streets
Vote Conservative

lung zu Baudelaires Gedichtbuch „Fleur du mal" (vor allem in: „Über einige Motive bei Baudelaire") stellt dar, daß die Umänderung der psychischen Organisation nicht allein folgenreich, sondern von einer weit zurückliegenden Abkunft sei. In einem kollektiven Vorgang epochalen Charakters verschiebe sich die Wahrnehmungsstruktur der Menschen so, daß das menschliche Leben selbst außerhalb desjenigen Bereiches zu liegen kommt, innerhalb dessen sich das für die Menschen Wahrnehmbare befindet. Mit einem Wort: Benjamin beschreibt ein kollektives Erblinden, welches für die Entwicklung des modernen Europa charakteristisch geworden sei. Das technisch hergestellte, tote Bildwerk, dessen Geschichte mit der Geschichte der Photographie zusammenfällt und in der Ausbildung des Filmes kulminiert, korrespondiere einem neuen Wahrnehmungsverhalten, das in der kollektiv gesehenen Bildwelt nicht mehr die Erfahrung des Lebens, sondern den vom Menschenleben gereinigten Tätigkeitsbereich, die Lebenswelt als einen „Tatort" sucht.

In dieser Hinsicht sind Benjamins Überlegungen an Radikalität nicht zu übertreffen. Mehr noch: sie sind nicht widerlegbar. Philosophiegeschichtlich der Lebensphilosophie zuzuordnen gehen Benjamins Gedanken nicht nur in den späten Abhandlungen, sondern während des ganzen schriftstellerischen Lebens immer wieder auf das Problem zurück, die Wahrnehmungsfähigkeit menschlichen Lebens darzustellen.

stalter dafür aufgebrachten DM 100000 nicht ausreichten, um den Druck des Ausstellungskataloges voll zu finanzieren, zweigte das Londoner Goethe-Institut von den für den „Deutschen Monat" insgesamt bereitgestellten DM 700000 einen Druckkostenzuschuß in der Höhe von DM 10000 ab, um die Zusammenarbeit mit dem angesehenen Kunstinstitut nicht zu gefährden. Aus demselben Grund hat Staeck die nicht verkaufte Restauflage des Kataloges aufgekauft. Der Katalog wird heute über Staecks Edition angeboten.

Müllmänner Klaus Staeck ist mit seinen Arbeiten auf allen wichtigen internationalen Graphikausstellungen vertreten. Die Teilnahme dient vor allem dem Erfahrungsaustausch und der Diskussion mit Künstlern, die an ähnlichen Problemen arbeiten. Dabei wiederholt sich innerhalb der Ausstellungspraxis selbst häufig die Aufgabe, der Staecks Bildobjekte außerhalb des traditionellen Kunstbetriebes gelten: „Ein großer Teil meiner Arbeit beschäftigt sich damit, die von anderen künstlich geschaffene Bildwelt mit der Realität zu konfrontieren." Als Ausstellungsort für das Plakat „Müllmänner" dienten die Müllabfuhrwagen in Berlin. Die Plakataktion wurde von dem Gesamtpersonalrat der Berliner Stadtreinigungsbetriebe im Februar 1976 organisiert. Sie wendet sich gegen die Forderung, öffentliche Einrichtungen der Daseinsvorsorge zu privatisieren.

Offset Auflage: Plakat 5500, Postkarte 12000 1976

Berliner Müllabfuhrwagen mit Staeck-Plakat, 1976

Bürger schützt euren Müll
Keine öffentlichen Einrichtungen für Spekulanten!

In Benjamins Werkbiographie gibt es eine lange Phase des Produktionsstaues während der Zeit, als er glaubte, die Darstellungsfähigkeit der Wahrnehmung von Menschenleben sei nur ihm persönlich in seinem individuellen Geschick als Schriftsteller nicht zugänglich. Erst als er begann, das Lebenswerk von Marcel Proust tatsächlich zu überblicken – beträchtliche Teile hatte er unter dem interpretierenden Titel „Auf der Spur der verlorenen Zeit" in die deutsche Sprache übersetzt – wurde ihm deutlich, daß Prousts „Ort im Herzen der Unmöglichkeit" geschichtlich, daß die in dessen Syntax „rhythmisch auf Schritt und Tritt" nachgebildete „Erstickungsangst" kollektiv und der von Proust dargestellte Erfahrungsverlust des Menschenlebens irreversibel sei. Benjamin geht davon aus, daß sich das Bild des Menschenlebens nur unter besonderen Bedingungen der Wahrnehmung einprägt, dann aber nicht als ein Ganzes, sondern in einer Kette von Einzelbildern, Bildelementen, die im fließenden Charakter des Bewußtseins, wenn sie dauern, zu einem Strukturbild ausgebaut werden. Der Versuch, das Strukturbild des Menschenlebens innerhalb der Wahrnehmungssphäre aufzubauen, regelt seinerseits die Suche der Wahrnehmung nach den Bedingungen, in denen sich einzelne Elemente aus dem Bild des Lebens für die Erfahrung aufschließen. Diese Bedingungen werden zerstört. Sie werden dadurch zerstört, daß die Wahrnehmung innerhalb der modernen Lebenswelt einem unausdrücklichen, aber scharfen Training unterworfen wird, in dem sich das Verhältnis zwischen der Bereitschaft, überraschende Eindrücke und isolierte Sinneswahrnehmungen in sich aufzunehmen, und

Unternehmer Der Begriff „Plakat" in der Wortverbindung „Plakatkunst" darf nicht einseitig in dem technischen Sinne aufgefaßt werden, als sei nur das an Litfaßsäule und Anschlagfläche angeklebte Plakat damit gemeint. Das „Plakat" ist eigentlich, seiner historischen Herkunft nach, ein öffentlicher obrigkeitlicher Anschlag oder Anschlagszettel, in einer Zeit, als außer der Obrigkeit niemand etwas anzuschlagen hatte. Es diente zur Mitteilung eines Ediktes und war die Form der amtlichen Bekanntmachung wie heute das „Bundesgesetzblatt" oder die entsprechenden Rubriken in der Zeitung. Die kommerzielle und die politische Werbung haben das Plakat aus diesem Zusammenhang gelöst. Für den Begriff „Plakatkunst" ist aus der Herkunft der Sinn einer Bekanntmachung wichtig, die sich an „alle", das heißt an sehr viele Menschen wendet. Plakatkunst bezeichnet eine Kunstform, die sich nicht damit begnügt, lediglich einen Kreis besonders Kunstinteressierter zu erreichen. Die Mittel, der sie sich zu diesem Zweck bedient, sind dann beliebig, wenn sie nur dazu taugen, in den alltäglichen Wahrnehmungsbereich von sehr vielen Menschen zu gelangen. Das Photo auf dem Plakat „Unternehmer!" wurde von Staeck/Steidl ursprünglich für einen Buchumschlag angefertigt (Engelmann und Wallraff „Ihr da oben – wir da unten"). Der Verlag entschied sich dann für den anderen Vorschlag.

Offset Auflage: Plakat 5000, Postkarte 25000 1973

Buchumschlag für Verlag Kiepenheuer & Witsch, 1973

Unternehmer!

Macht euch die Erde untertan

Und Gott segnete sie und sprach zu ihnen: seid fruchtbar und mehret euch und füllet die Erde, und macht sie euch untertan, und herrschet über Fische im Meer, und über Vögel unter dem Himmel, und über alles Tier, das auf Erden keucht. 1. Mose 1. 1. 28

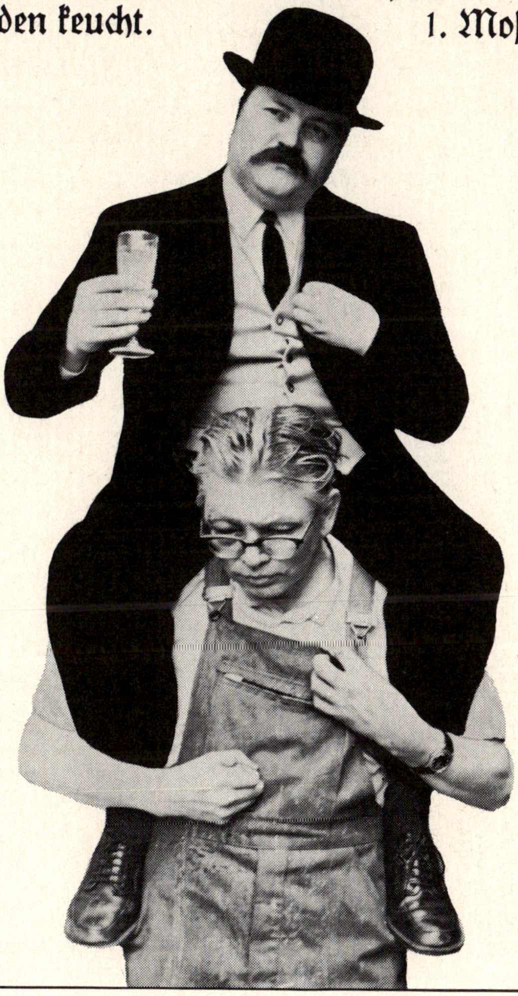

der Fähigkeit zur Reizabwehr umbildet. Elemente einer Abhandlung Sigmund Freuds aus dem Jahre 1923 aufnehmend, behält Benjamin den vollständigen Begriff des Bewußtseins den Mechanismen der Reizabwehr vor. Die Reizabwehr wird zum primären und elementaren Überlebensinstrument durch das Bewußtsein ausgebildet. So wird etwa ein Passant, der seine Umwelt in der modernen Stadt nicht ständig auf die Signale der Gefahr hin absucht, überfahren. Er sucht deshalb die Wahrnehmung der lebenbedrohenden Signale, indem er alle anderen Signale ausblendet, und indem er nach der Wahrnehmung eines jeden Zeichens sofort zur Wahrnehmung von anderen Zeichen übergeht. Sein Auge vollzieht ständig suchende Bewegungen, ohne daß sich der Blick in das ruhige Gewahren eines einzigen Sachverhaltes verlieren darf. Damit entfällt die Arbeit am Aufbau einer Sphäre der Erfahrung, in der einzelne, der Wahrnehmung einsenkbare Lebensbilder für den Ausbau der Bildstruktur des Menschenlebens zusammengetragen werden könnten. Durch die notwendige Technik der Reizabwehr wird die Wahrnehmung gegenüber der Erfahrung des Lebens, in der sich dessen Bild herstellen könnte, „abgedichtet". Würde es selbst irgendeiner Kunst gelingen, Elemente aus dem Strukturbild menschlichen Lebens inmitten der kollektiv wahrgenommenen Bildwelten sichtbar auszustellen, so ohne den Gewinn, dieses Bild den Wahrnehmenden einzuprägen; denn deren Tätigkeit ist in einem epochalen Vorgang kollektiv darauf trainiert, die Erfahrung dieses Bildes abzuwehren. So wird den Blick aus einem Menschenauge wahrzunehmen unmöglich, weil dieser Blick keine

Baulöwe Eine klassische Erscheinungsform der Plakatkunst bilden Film- und Theaterplakate. Eine der berühmtesten Arbeiten dieser Art ist das Originalplakat von A.M. Lawinski für Eisensteins Film „Panzerkreuzer Potemkin" aus dem Jahre 1926. Lawinski gehörte zu dem Kreis der russischen Konstruktivisten, einer Avantgarde der Massen- und Maschinenkunst, deren Anfänge bis in das Jahr 1910 zurückreichen, die sich dann mit den Zielen der Oktoberrevolution verband (insbesondere mit dem, das Land zu industrialisieren und die Bevölkerung zu alphabetisieren) und Ende der zwanziger Jahre in der autoritären Konsolidierungsphase der Sowjetunion zerstört wurde. Die Reste der meist verschollenen Arbeiten dieser Künstler werden erst jetzt allmählich wieder zugänglich gemacht. Vor allem durch die Beziehung zur Theaterarbeit Meyerholds und zu der Piscators waren einige Elemente des russischen Konstruktivismus im Berlin der zwanziger Jahre bekannt. Staecks Plakat wurde, mit einem Sondereindruck versehen, für das Bremer Theater am Goetheplatz hergestellt, um eine neue Inszenierung von Bertolt Brechts „Dreigroschenoper" anzukündigen. Brechts Kunstbegriff ist mit der damaligen Diskussion des Konstruktivismus verbunden.

Offset Aufl.: Plakat 2000, Postk. 20000, DAS DA-Poster 60000 1975

Plakat für „Theater am Goetheplatz" Bremen, 1975

Und der Haifisch der hat Zähne

Gefahr signalisiert. Er gehört zu jenem Unerheblichen, das es auszublenden gilt, um sich in den Signalen des Gefährlichen zu orientieren. Das dargestellte Leben fällt in den Bereich der Reize, die von sich fernzuhalten notwendig geworden ist, um zu überleben.

Wahlrecht Die Zusammenarbeit mit Theater und Film ist für die Plakatkunst deshalb wichtig, weil zu deren Aufführungen viele Menschen zusammenkommen, mehr jedenfalls, als in den zu Tempeln ausgebauten Kunsthallen. Sie zielt darauf ab, auch über denjenigen Kunstzusammenhang hinaus zu gelangen, in dem sich Theater und Filmarbeiten immer noch befinden. Für die Plakatkunst in demokratisch organisierten Gesellschaften kommt es darauf an, eine Verwendbarkeit in demokratischen Handlungszusammenhängen zu erreichen. Das Plakat „Wahlrecht" wurde für einen Berliner Mieterverein hergestellt, der sich gegen die Auflösung der Schutzbestimmungen des sogenannten „weißen Kreises" wandte. Dabei handelt es sich um eine Mieterschutzbestimmung aus der Nachkriegszeit, die die rein marktwirtschaftliche Organisation des Wohnungsbaues einschränkte.

Offset Auflage: Plakat 6000 1975

Demonstration vor dem Schöneberger Rathaus Berlin, 1975

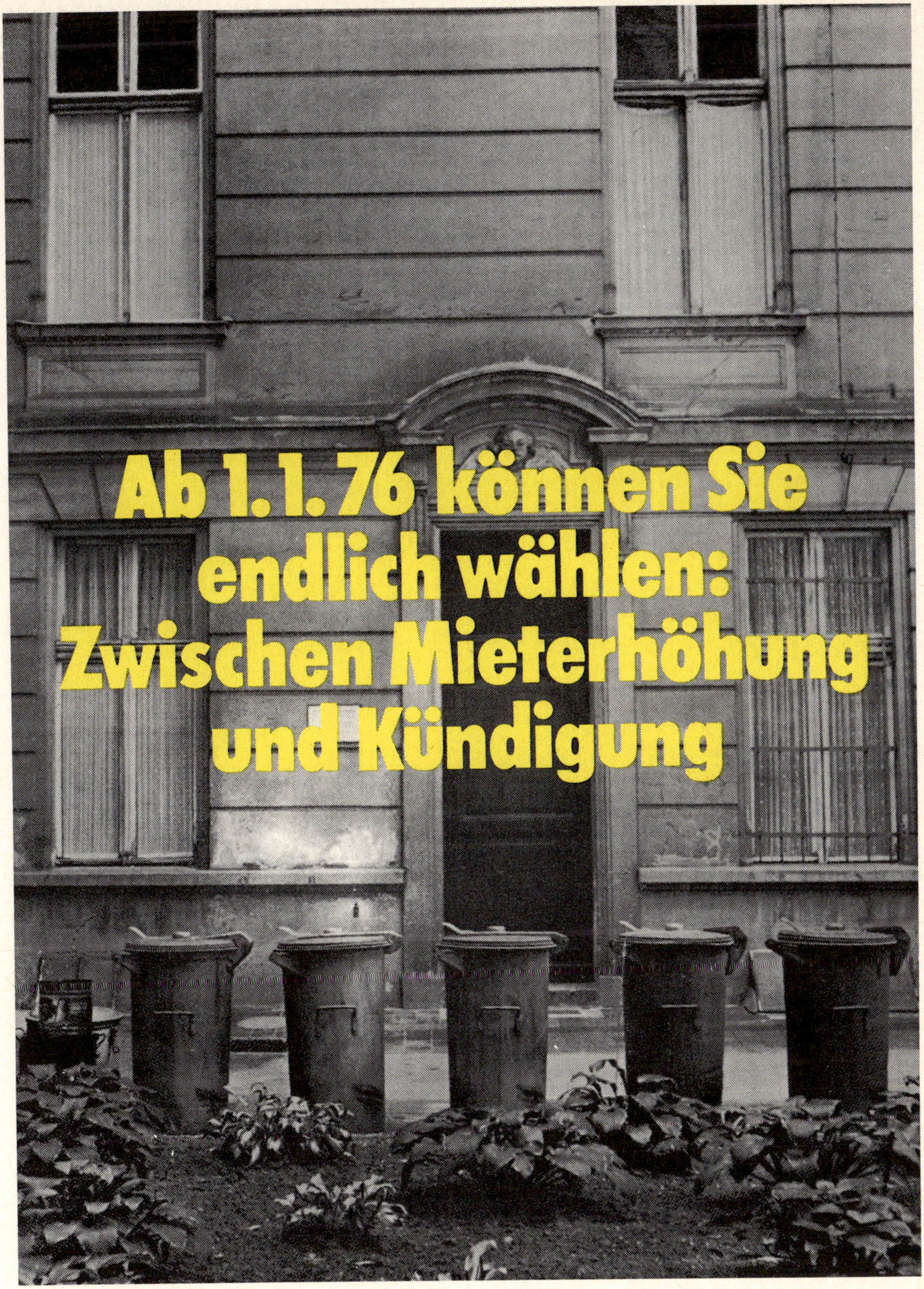
Ab 1.1.76 können Sie
endlich wählen:
Zwischen Mieterhöhung
und Kündigung

Kapitel IV

Von Baudelaire heißt es, er habe die „Chockerfahrung ins Herz seiner artistischen Arbeit hineingestellt". Seine künstlerische Technik zielt darauf ab, die Reizabwehr zu überlisten. An die Stelle der Darstellung des Bildes, in der nach einer Spur des Lebens suchend gelesen werden könnte, tritt die Darstellung des Austauches von Bildern. Im besten Fall vermag dieser Austausch künstlich so organisiert zu werden, daß innerhalb des Wechsels von Bild zu Bild eine Lücke sichtbar wird, in der die Reizabwehr das alte Bild nicht mehr und das neue noch nicht festgehalten, auf die Signale der Gefahr hin abgesucht und ausgeblendet hat. Das Bedürfnis nach der Wahrnehmung dieser Lücke ist jenes Interesse, aus dem Benjamin die Rezeption des Filmes herleitet. Der Massencharakter dieser Rezeption zeigt ihm das Ausmaß der Vollendung, den die kollektive Schule des Bewußtseins für die Reizabwehr erreicht hat. „Der Film ist die der betonten Lebensgefahr, in der die Heutigen leben, entsprechende Kunstform"; aber denselben Effekt hatte mit den Mitteln der Malerei (und der Literatur) der Dadaismus zu erzeugen versucht. Wer mit der Kenntnis dieses Elementes aus Benjamins Wahrnehmungstheorie auf die Exponate der Karlsruher Ausstellung „Kunst und Politik" 1970 zurück-

Wenn nichts geschieht Staecks Plakataktionen werden in der Regel von Staeck in Zusammenarbeit mit Gerhard Steidl selbst finanziert: Entwurf, Materialien, Montage, Druck, Anmietung der Werbeflächen, Versand und Pressearbeit. Politische Handlungspartner treten dann erst auf, wenn sich die Brauchbarkeit eines Bildobjektes schon herausgestellt hat. Das Verfahren ist finanziell risikoreich, aber zugleich Grundlage für die politische Unabhängigkeit. Andererseits bleibt es das Ziel, einzelne Plakataktionen von Anfang an gemeinsam mit einem Handlungspartner zu planen. Die finanziellen Schwierigkeiten werden durch Auftragsarbeiten allerdings nicht in jedem Fall geringer. „Wenn nichts geschieht kann viel passieren" wurde ursprünglich wie „Wahlrecht" für einen Berliner Mietverein hergestellt, dann aber nach einem Vorstandswechsel des Vereins nicht akzeptiert. Die Arbeit erschien als Titelblatt für eine Broschüre Hamburger Mieterinitiativen „Mietrecht für Mieter". Die Broschüre enthält juristische Ratschläge.

Offset Auflage: Buchumschlag 5000 1976

Mieterbroschüre Hamburger Mieterinitiativen, 1976

Hier entstehen
28 Komfortwohnungen
Beratung und Verkauf:
Immobilien-Union
Wenn nichts geschieht
kann viel passieren

sieht, überblickt die kunstgeschichtliche Erfahrung, die in der Zwischenzeit verloren worden ist. 1970 waren die Studentenunruhen international in die Ateliers gelangt. Die Ausstellung zeigte, was dabei entstanden war. Ein Beispiel: „Die Autoren teilen zu diesem Bild folgendes mit", heißt es im Katalog: „Die auf diesem Gemälde dargestellten Figuren sind die Strukturalisten, die fortschrittlichsten und im Augenblick meisterwähnten Intellektuellen. Sie haben sich zu dem Zeitpunkt versammelt, als der Rundfunk bekanntgibt, daß die Arbeiter, von den Studenten unterstützt, ‚zum Handeln übergegangen sind'." Das „Gemälde" von der Künstlergruppe Aillaud, Biras, Fanti, Rieti zeigt eine Gruppe Lauschender wie vormals auf dem Bildnis von Paul Mathias Padua aus dem Jahre 1937 „Der Führer spricht". Die handwerklich hergestellte Abbildung auf der technischen Grundlage von Pinsel, Farbe und Leinwand, aufgehängt in einem Rahmen an der Innenwand eines „Ausstellung" genannten Raumes, ist zur Karikatur des Abbildungsvorganges herabgesunken.

Klaus Staeck bemerkt im Katalog zu dieser Ausstellung: „Solange es in den Kunsthallen nicht wesentlich reaktionärer zugeht als in den Werkshallen, macht es leider noch keinen großen Unterschied, in welcher Umgebung die Sachen gezeigt werden." Die „Umgebung" wird nicht allein durch die Kunsthalle als Raum bestimmt; sondern auch durch die Kunst erwartende Haltung des Betrachters, mit der er in den Raum

Aktivspielplätze Klaus Staeck ist zwar Mitglied der SPD und versteht seine Arbeit im Zusammenhang mit der der Sozialdemokratischen Partei. Aber die sozialdemokratische Parteiorganisation hat sich lange eher distanziert zur Arbeit Staecks verhalten. Mitte der sechziger Jahre war es für die SPD in ihrer damaligen Lage wichtig, daß sich solche Künstler (und Wissenschaftler) für sie aussprachen, die von der Gesellschaft als „Repräsentanten des Geisteslebens" angesehen werden konnten. Aus der Initiative solcher Intellektueller, vor allem aus der von Günter Grass, ist die sozialdemokratische „Wählerinitiative" entstanden. Die Vorstellung war damit nicht verbunden, daß es eine Verbindung zwischen der künstlerischen Arbeit selbst und kontinuierlich politischer Arbeit geben könnte. Die Idee, Staecks Kunst für ihre Zwecke ausdrücklich zu verwenden, lag deshalb für die SPD nicht nahe. Mit der Bitte, eine regelrechte Auftragsarbeit zu übernehmen, hat sich zuerst die Friedrich-Naumann-Stiftung an Staeck gewandt, die nicht der SPD, sondern der FDP nahesteht. Eine Serie von fünf Plakaten zu verschiedenen politischen Arbeitsfeldern sollte angefertigt werden, auf denen häufig Bürgerinitiativen tätig sind. Bei dem abgebildeten Plakat geht es um Kinderspielplätze, auf denen die sterilen Turngerätschaften durch Materialien ersetzt werden, mit denen die Kinder selber etwas machen können („Aktivspielplätze" oder „Abenteuerspielplätze").

Offset Auflage: Plakat 7000, Postkarte 20000 1974

Originalplakat von Spohn, Berlin 1973

Alternative:
Aktivspielplätze
Friedrich Naumann Stiftung
Bonn

hineingeht und vor die Ausstellungsstücke hintritt. Diese Haltung ist durch einen Anflug von Feierlichkeit ausgezeichnet. Der Betrachter erwartet so etwas wie eine Erhebung. Er setzt voraus, mit der Umgebung seines Alltages sein Wahrnehmungsverhalten abgestreift zu haben, mit dem er sich in der alltäglichen Umgebung orientiert. (Analog wechselt er die Kleidung, bevor er die für Kunst bestimmten Räume des Theaters und des Konzertsaales betritt.) Aber er täuscht sich. Denn umgekehrt verläßt sein eingeübtes Wahrnehmungsverhalten ihn nicht. Nicht in den Raum der Kunst, sondern in die Sphäre einer Selbsttäuschung ist er gelangt. Er glaubt zu sehen; aber noch ehe er sich umsieht, hat die Bewußtseinsarbeit in ihm die Wahrnehmung des Sichtbaren zerstört. Wenn er alsbald die Kunsthalle verläßt, empfindet er es unverzüglich als Befreiung, in die Signalwelt des Alltäglichen zurückgekehrt zu sein. Im ersten Blick in den vorüberflutenden Verkehr befreit er sich von der Last der Täuschung. Nicht in die Betrachtung eines im Inneren der Halle ausgestellten Bildes versenkt er sich, sondern in die Bild- und Signalwelt auf der Straße, die auf Gefährdungen seiner selbst hin abzusuchen ihm vertraut ist.

Jede Illusion führt in dem Vorgang ihrer Täuschung die Eigenschaft mit sich, das Gesehene nicht wirklich wahrzunehmen, sondern dessen Relationen in einem Vorhof der Erfahrung festzuhalten, willkürlich zu verwenden und beliebig auszutauschen, um

Klassenkampf Das Plakat gehört zu der fünfteilig angelegten Serie der Auftragsarbeit für die Friedrich-Naumann-Stiftung. Mit diesem zweiten Plakat wurde die Produktion der Serie abgebrochen. Die Stiftung verlangte, das Wort „Klassenkampf" in Anführungszeichen zu setzen. Daran zeigte sich dieselbe gegenstandslose Angst vor dem Gebrauch eines Wortes, die lange Zeit über die Deutschlandpolitik bei dem Gebrauch des Wortes „DDR" bestimmt hat. Staecks Methode liegt gerade darin, einem anschauungslos verwendeten Wort durch das Bild einen neuen Sinn zu geben, durch den sich der Funktionszusammenhang des Wortes ändert. Die abstrakte Diskussion, ob Klassenkämpfe geführt werden oder geführt werden sollten, wird innerhalb des Bildzusammenhanges auf dem Plakat verlassen, um dort, wo das Plakat verwendet wird, zu zeigen, daß das bearbeitungsfähige Problem konkret und einfach ist. Eine demokratisch-politische Handlung vermag damit zu beginnen, daß wir den angsterzeugenden Wörtern aus dem öffentlichen Sprachgebrauch eine für uns selbst überschaubare Aufgabe zuweisen. Wir lösen damit nicht nur diese Aufgabe. Sondern durch die Arbeit lösen wir zugleich uns selber aus der Angst, an die der anschauungslose Wortgebrauch uns immer von neuem bindet.

Offset Auflage: Plakat 7000, Postkarte 15000 1974

Originalplakat einer Bürgerinitiative

Klassenkampf
Für unsere Kleinen
ist uns keine
Klasse zu groß
Für kleine
Klassen

es von der Sphäre der Erfahrung fernzuhalten. Eingestellt in den illusionären Raum der Kunsterwartung gilt das artifizielle Bildwerk dann als gut, wenn es einen Spielraum für die willkürliche Relationenbildung öffnet. Staeck stellte in Karlsruhe eine photographische Wiedergabe von Albrecht Dürers Zeichnung „Betende Hände“ aus, in die das Abbild zweier Flügelmuttern so hineinmontiert ist, daß die Schraube die Hände zu durchbohren scheint. Technisch ist diese Graphik weit entwickelt. Zuvor hatte sie Staeck kleinformatig als Postkarte gedruckt. Die beiden nicht zueinander gehörenden Bildelemente, das Dürer-Bild und die Schrauben, hatten in dieser Fassung unter Staecks Freunden und Bekannten ein eigentümlich intensives Interesse erregt. In jenem Augenblick wußte Staeck den artifiziellen Wert dieses Interesses nicht zu deuten und nicht systematisch zu verwenden. Das daneben ausgestellte Blatt „Der Krieg“ zeigt, wie die ikonographische Grundorientierung nicht auf die Wahrnehmung einer Lücke zwischen optisch dissonanten Bildelementen zielt – diese Wahrnehmung liegt dem Interesse an der Postkarte zugrunde –, sondern auf die Illusion, vielfältigen Deutungsmustern einen Spielraum zu eröffnen. Hier stehen alle die Bildelemente beieinander, aus denen Staeck später visuell die Technik der Plakatkunst hergeleitet hat: der in diesem Fall grob gerasterte Hintergrund (als leere Fläche), das Photo (einer aufrecht stehenden Patrone, deren Hülse einen langen Schatten wirft) und das Kürzel einer Schrift (CCSSC%%%()():11122345567789000:;). Es ist ein Siebdruck, hergestellt in limitierter Auflage, einzeln von Künstlerhand signiert. Auch während der Holz-

Frauen im Deutschen Bundestag nach Fraktionen (Quelle: Stat. Bundesamt	
518 Abgeordnete insgesamt, davon 35 Frauen =	**6,8%**
CDU/CSU 234 Mandate davon Frauen 16 Mandate =	**6,8%**
SPD 242 Mandate davon Frauen 16 Mandate =	**6,6%**
FDP 42 Mandate davon Frauen 3 Mandate =	**7,1%**

Gleichberechtigung Schon lange vor dem Übergang zur Technik der Plakatkunst hatte sich Staeck bemüht, ein unabhängiges Kommunikations- und Vertriebssystem aufzubauen. 1965 gründete er eine Edition („edition tangente“, seit 1972 „edition staeck“), die das Ziel hatte, künstlerische Graphik im Gegenzug zu dem vermachteten Kunstmark nicht so teuer, sondern so billig wie möglich zu verkaufen. In den ersten Jahren betrug der Standardpreis für alle Blätter DM 25. Das Billigsystem wurde von den meisten der etablierten Galerien bekämpft. Nur dadurch, daß mit Staeck befreundete Künstler Arbeiten zu geringen Honoraren oder sogar ohne Bezahlung ganze Auflagen zur Verfügung stellten, ließ sich die Edition in der Anfangszeit halten. Sie wurde von einem Studentenzimmer aus mit einem Postfach als Kontakt- und Umschlagstelle als Versandhandel organisiert. Vostell, Beuys und Christo waren die ersten bekannteren Künstler, die Staeck halfen. Der Kunsthandel ist bis auf wenige Ausnahmen nicht am Vertrieb von Billigprodukten interessiert. Ein am Maßstab traditioneller Kunstgraphik gemessen sehr niedriger Preis gehört aber zu den ökonomischen Voraussetzungen für eine Massenkunst. Staeck hat die Erfahrungen mit seiner Edition beschrieben in: „Die Kunst muß...“, „8 Selbstorganisationsmodelle“, Berlin 1975, herausgegeben von der „7. Produzentengalerie“. „Gleichberechtigung“ ist Staecks Nachtrag zum internationalen „Jahr der Frau“ 1975.

Offset Auflage: Postkarte 12000 1976

Statistik VII. Wahlperiode des Deutschen Bundestages (1972–76)

Jeder zweite
Abgeordnete
ist eine
Frau

schnittphase hat Staeck gelegentlich Schriftelemente im Bildaufbau verwendet. Hier bedient er sich dafür einer industriell vorbereiteten Schrifttechnik, indem er Letrasetbuchstaben abreibt. Das Blatt ist zu Beginn des Jahres 1969 entstanden. Als ikonographisches Bildwerk versonnen aufmerksam betrachtet, reflektiert es mit dem Anfang der Schriftfolge „CCS..." in der Kombination mit der Patrone die damals vorherrschende Erfahrung der gesellschaftlichen Gewalt in der Besetzung der ČSSR durch die Truppen des Warschauer Paktes. Jedenfalls könnte diese Deutung vorgenommen werden. Oder auch, auf den Krieg in Vietnam bezogen: im Schriftkürzel findet man die Darstellung der Kommunikationstechnik einer Kommandosprache, deren Wirkung der der abgeschossenen Patrone gleichkommt. In der Betrachtung erhält das Bildwerk den Charakter eines Symbols; es bedeutet etwas anderes als es darstellt. Die Deutung obliegt der Arbeit des Betrachters: die Schriftzeichen „££" und „$$" in der Wiedergabe durch die Folie sind die international gebräuchlichen Kürzel für Pfund und Dollar; das Bild ist Sinnbild für den abstrakt begriffenen Zusammenhang zwischen „Geld" und „Krieg". Die Schriftfolge selbst ist willkürlich; sie entspricht einem beliebigen Abriß aus der vorgefertigten Letrasetfolie. Das Bild bedeutet etwas. Vielfältiges kann man sich dabei denken. Aber es macht nichts sichtbar. Von der Heinrich-Zille-Stiftung als eine der preiswürdigen Arbeiten sozialkritischer Graphik Staecks gewürdigt, fügt es sich in den Vorgang der illusionären Kunsterwartung ein.

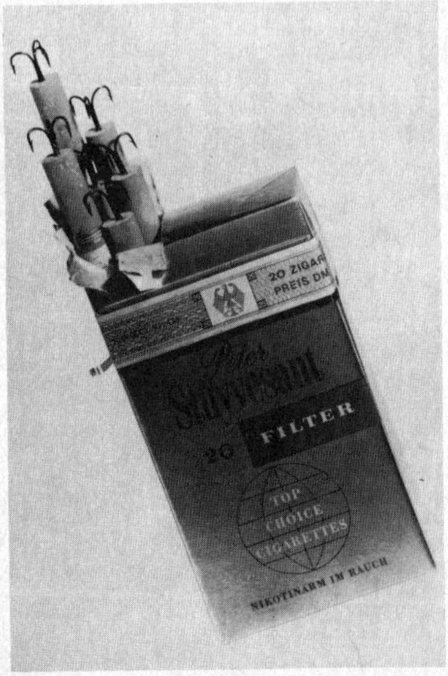

Direkte Werbung V Die Auseinandersetzung mit der Konsumwerbung bildet eines der ältesten Motive in Staecks Kunst. In seinem Buch „Pornografie" (1971) ist Staeck den Elementen der Brutalität, des visuellen Terrors und den Wirkungen der Schocks nachgegangen, auf die die „direkte Werbung" abzielt. Besonders diese Auseinandersetzung ist darauf angewiesen, innerhalb des von Staeck hergestellten Bildes Photoelemente als Zitate aus der kritisierten Anzeige zu verwenden. Der zitierende Wiederabdruck eines Abschnittes aus der Anzeige hat dabei den Charakter des Beleges, wie ein Beweisstück. Da wir aber an solche Belege längst gewöhnt sind, tritt ihre Brutalität erst hervor, wenn sie optisch mit einer vergleichbaren Brutalität zusammengestellt wird. Dabei zeigt sich in der Willkür der Montage die Willkür der brutalen Werbung. Die Aussage, daß der medizinische Fachmann „Zahnarzt" (also alle Zahnärzte!) nun ausgerechnet diese Zahnpasta seiner Familie gibt, ist genauso wenig wahr wie die Aussage, daß er seiner Familie diese Zange gibt. Der abstrakte Sachverhalt der Lüge wird auf diese Weise sichtbar dargestellt.

Offset Auflage: Plakat 3000, Postkarte 20000 1975

Direkte Werbung I, Siebdruck, 1970

Die gibt der Zahnarzt
seiner Familie

Kapitel V

Klaus Staeck hat lange mit Bildsignalen der Gefahr gearbeitet, teils mit immer wieder neuen, zum Teil auch in Serien mit Wiederholungen jeweils des selben Bildsignales. In dem Blatt „Der Krieg“ nimmt diese Aufgabe die Abbildung der Patrone mit ihrem langen Schatten wahr; in dem ebenfalls ausgezeichneten Blatt „New York II“ das Abbild einer Rasierklinge, bei dem die scharfe Klingenkante von oben her in die ruinenhaft erleuchtete Silhouette der Stadt New York zu schneiden scheint; auf dem 1969 als erstes Plakat verwendeten Blatt „NPD“/„Sieg Heil“ das Abbild eines Wiegemessers, auf dem das Messer als Fallbeil dargestellt ist. In einer langen Serie tritt immer wieder die Silhouette eines Schlagringes auf, die Staeck auch in der Form des Stempels als Zusatz für den Abdruck seines Namenszuges angewendet hat. Staecks Buch „Pornografie“ (1971) hat eine Unsumme vergleichbarer Signale den gedruckten Massenmedien entnommen und gezeigt, wie sich die kommerzielle Werbung des Signalcharakters der Gefahr bedient, um die Wahrnehmung des Verbrauchers auf das Produkt zu lenken. Zum Beispiel gibt es eine auch heute noch verwendete Anzeigenserie, in der die um die Finger einer Faust geschlungene Armbanduhr optisch als

Vergiß den Krankenschein nicht! Die Methode des optischen Zitates aus der durch Werbung und öffentliche Kommunikation bestimmten visuellen Umwelt läßt sich nicht immer anwenden. Bei dem hier benutzten Bild handelt es sich um ein gestelltes Photo. Staeck/Steidl knüpfen damit an der primitiven Gestik der sozialpolitischen Mitteilungen zum Beispiel in den Geschäftsstellen von Ortskrankenkassen, aber auch in Gesundheitsämtern und in den Büros anderer sozialer Behörden an, die sich aus einer Zeit gehalten haben, als die Sozialpolitik als Armenfürsorge angesehen wurde. Das Gesundheitswesen hat sich aber zu einem gewinnträchtigen Industriezweig entwickelt. Dem ist die Solidargemeinschaft der Versicherten (die Kasse) so lange hilflos ausgesetzt, wie die Kosten im Wege von Tarifabschlüssen zwischen Kassen und Ärzten ausgehandelt werden, ohne daß die politische Gesetzgebung in die Struktur des Gesundheitswesens eingreift. Unmittelbarer Anlaß für die Herstellung des Plakates war eine deutliche Erhöhung des Beitragssatzes für die gesetzlichen Krankenkassen, während gleichzeitig bekannt wurde, daß das Jahresdurchschnittseinkommen der frei praktizierenden Ärzte rund DM 170000 beträgt.

Offset Aufl.: Plak. 80000, Postk. 12000, DAS DA-Poster 60000 1975

Auslieferung von Staeck-Plakaten ab Druckerei

Wenn Du zum Arzt gehst vergiß den Krankenschein nicht!

Schlagring präsentiert wird. Die lebensichernde Funktion des Auges, die Wahrnehmungswelt auf Signale der Gefahr hin abzusuchen und dafür alles, was nicht Gefahr bedeutet, unverzüglich auszublenden, wird hier verwendet, um das Auge für einen Blick auf das Bild der Ware – für einen kurzen Augenblick – zu öffnen. Staeck nennt diese Werbung „pornografisch". Der epochale, kollektive Vorgang des Erblindens, in dem das Auge nichts mehr in die Wahrnehmung gelangen lassen darf, was nicht als Signal der Gefahr aufgefaßt werden kann, hat sich zum universellen Instrument des individuellen Überlebens innerhalb der Industriegesellschaft ausgeweitet. Es versteht sich, daß jene Werbesprache nicht als Ursache, sondern als Ausdruck des Sachverhaltes anzusehen ist. Innerhalb des „Pornografie"-Buches hat Staeck die einzelnen Bildsignale des auf die Erwartung der Gefahr eingestellten optischen Kommunikationsvorganges isoliert und einzeln als Elemente gestischer Körpersprache in einer experimentellen Photoreihe dargestellt. Zum Beispiel zeigt er die photographische Abbildung seines eigenen Gesichtes; dabei ist die Zunge weit herausgestreckt, während ihr eine Rasierklinge so aufgesetzt ist, daß sie in dem nächsten, dem Anblick des Bildes folgenden Augenblick (der nicht dargestellt ist) abgeschnitten werden würde. Die Wahrnehmung der Gefahr geht in die Erwartung einer Folterszene über. Der Betrachter interpoliert (schiebt ein) zwischen dem gesehenen und dem zu erwartenden nächsten Bild bei sich selbst den Anstoß eines kleinen Schreckens. In Freuds Theorie, auf die sich Walter Benjamin bezieht, hat dieser Schock eines Erschreckens die Funktion, den

Freie Bürger Einer der Unterschiede zwischen den Photomontagen Heartfields und der Plakatkunst von Klaus Staeck liegt in der Verwendung des Textes, der dem Bild als Schrift aufgedruckt ist. Während Heartfield häufig den im Text gemeinten Sachverhalt bildlich wiederholt, entwickelt Staeck aus der Differenz zwischen Bild und Schrift einen Akt visueller Sprachkritik, der eine Befreiung aus dem Wortgebrauch als Schlagwort mit sich bringt. In dem Fall „Freie Bürger" ist das Schlagwort-Zitat der Textzeile identisch mit dem Wortlaut von Artikel 2 des Grundgesetzes. In der konkreten Situation, für die das Plakat hergestellt wurde, in der politischen Auseinandersetzung über die Tempobegrenzung auf der Autobahn, wurde diese Bestimmung von der CDU/CSU, vom ADAC und von der „Bild"-Zeitung als Schlagwort benutzt, um der sozial-liberalen Bundesregierung öffentlich zu unterstellen, sie wolle Freiheitsrechte einschränken. Der Versuch der Bundesregierung, eine generelle Tempobegrenzung gesetzlich festzulegen, wurde als „sozialistisch" und „kollektivistisch" bezeichnet. Ihm wurde der Slogan „Freie Bürger fordern freie Fahrt" entgegengesetzt. Durch die Text-Bild-Montage Staecks ändert sich der Sinn im Wortlaut der Bestimmung aus dem Grundgesetz zu einem offenbaren Unsinn, während CDU/CSU, ADAC und „Bild"-Zeitung durch die Benennung als diejenigen erscheinen, die den Unsinn als die richtige Auslegung des Grundgesetzes ansehen.
Offset/Siebdruck Auflage: Plakat 4000, Aufkleber 8000 1974

Original ADAC-Aufkleber, Staeck-Aufkleber (unten), 1974

Jeder hat das Recht auf freie Entfaltung seiner Persönlichkeit
CDU/CSU, ADAC, BILD

Reizschutz aufzubauen. Je mehr, je intensiver und je kontinuierlicher solche Schocks hervorgerufen werden, um so vollkommener wird die Sphäre möglicher Lebenserfahrung mit dem Schild des Reizschutzes umgeben. Nach Freud kommen Schocks mit traumatischer Wirkung (das sind Erfahrungen, die in den Lebensbereich der unausdrücklichen Bewußtheitsarbeit gelangen), im Extrem mit pathologischem Effekt, dadurch zustande, daß im Augenblick des Ansichtigwerdens der Gefahr die abwehrende Angstbereitschaft fehlte. (Ein bei Unfallneurotikern typischer Traum wiederholt die Katastrophe, um in ihrer Bildwelt die Reizbewältigung unter Angsterzeugung nachzuholen, deren Unterlassung die Ursache der traumatischen Neurose geworden war.) Deshalb muß mit einer traumatischen Wirkung um so weniger gerechnet werden, je geläufiger dem Bewußtsein die Registrierung der Schocks geworden ist. Das ausgebildete, wache Bewußtsein, das in der Wahrnehmung der „Unfall"-Gefahr kontinuierlich ausgebildet wird, ist vollkommen darauf eingestellt, nichts über die Schwelle der Lebenserfahrung gelangen zu lassen. Als tot und unzugänglich prallt an dieser Wahrnehmungsstruktur ein Bildwerk ab, das sich innerhalb der Arbeit an der Reizabwehr keine Stelle zu erobern weiß.

Diesen Sachverhalt der Wahrnehmung auf das Bildobjekt selber übertragen bezeichnet Walter Benjamin mit seinem berühmt gewordenen Wort als den Verlust oder als den

Aus deutschen Landen Die Schule, der unsere Aufmerksamkeit in den öffentlichen Bildwelten unterzogen wird, führt dazu, daß wir die Bilder, die wir sehen, und die Worte, die wir hören, nicht festhalten. Gezwungen, uns den nächsten zuzuwenden, vergessen wir sie sofort. Ein Ziel der Plakatkunst von Klaus Staeck liegt darin, dieses kollektiv geübte Wahrnehmungsverhalten durch die Drucktechnik zu überlisten. Die Kunst des Festhaltens geht aus der graphischen Kombination zweier Sachverhalte hervor, die sich gegenseitig stören. Ihr Effekt stellt sich im alltäglichen Verhalten gelegentlich auch ohne Absicht ein. Im Sommer 1971 hatte der Ministerpräsident von Baden-Württemberg anläßlich eines Fischesterbens öffentlich erklärt, lediglich die dummen Fische seien durch den Sauerstoffmangel tödlich betroffen, weil sie unten schwimmen, die klügeren suchten den Sauerstoff oben. In Stuttgart ausgesprochen und in den Massenmedien dargestellt, verbindet sich das Wort für jedermann mit dem Bild der Stadt. Innerhalb des engen, feuchten, klimatisch und durch Industrieabgase unzuträglichen Talkessels leben und arbeiten die Dummen, während an den mit Weinbergen durchzogenen Hängen die weniger Dummen wohnen. Der Ministerpräsident Hans Filbinger wohnt neben dem feudalen Herrschaftssitz Schloß Solitude, also ganz oben, von wo er auf die Stadt herabsieht. Indem sich in der Drei-

Offset/Siebdruck Aufl.: Graph. 400, Plak. 1100, Postk. 15000 1972

Zum Muttertag, Siebdruck, 1971

Aus deutschen Landen
frisch auf den Tisch

Verfall der „Aura“. Die „Aura“ bildet eine Erscheinung, die in einer kollektiven Lebenswelt mit einer anderen Wahrnehmungsstruktur als der beschriebenen (mit anderen Worten: als der unsrigen) sowohl im Gegenüber zum künstlich hergestellten Bildwerk (etwa einem Gemälde) als auch im Zuge einer speziellen Blickeinstellung auf gewisse Elemente der Natur in einer Landschaft wahrgenommen werden konnte. Ihrer Grundstruktur nach gleicht sie dem Entstehen des Blickes auf die Corona während einer Sonnenfinsternis: während die Sonne selbst verdeckt ist, bildet sich um den dunklen Fleck an jener Stelle, hinter der sie sich befindet, das Nachbild eines Strahlenkranzes aus, in dem der Rand des Schattens aufleuchtet. Auch die „Aura“ beruht auf einer Interpolation der Wahrnehmung, auf einem Intensitätsschub, den der Wahrnehmende hinzufügt. Sie bildet keine Eigenschaft des gesehenen Objektes. Nur schiebt die Wahrnehmung hier nicht die Schreckerwartung ein, um das Gesehene auf die Signale der Gefahr hin abzusuchen, und um sofort auf das nächste Bild in der Erwartung der Gefahr überzugleiten. Der Beobachtende schiebt vielmehr zwischen das, was er mit seinem Auge sieht (im Fall der Sonnenfinsternis den dunklen Fleck des Schattens, in dem der Blick auf die Sonne selbst verstellt ist), und das Bild dessen, das er nicht sieht (die Sonne, die verdeckt ist), die Erwartung eines Vorganges hinein: am Rand des Schattens meint er zu sehen, wie das Licht entsteht. Im Bereich von Gegenständen aus einer Landschaft beschreibt Benjamin die Wahrnehmung der „Aura“ mit den Worten: „An einem Sommernachmittag ruhend einem Gebirgszug am Horizont oder einem

stigkeit des Spruches das Bild des Fischesterbens mit dem Bild der Stadt verbindet, entsteht eine Kombination aus Bild und Wort, die sich dem Gedächtnis der Bevölkerung fest einprägt, unverlierbar wird und jede Amtszeit des CDU-Ministerpräsidenten überdauert. Der Effekt hat sich hier unfreiwillig eingestellt. Als Grundlage für eine graphische Darstellungstechnik angewandt, wird er zum Instrument, um einen wahrgenommenen Sachverhalt vor dem Vergessen zu bewahren, seine Bilder kurz vor dem Verschwinden festzuhalten und das Gesehene im Gedächtnis zu verankern.

Die Luft gehört allen Staecks Kunst sucht die Begrenzung im erkennbaren Bezug zu einem konkreten politischen Aktionszusammenhang. „Die Luft gehört allen“ wurde als Beilage für das Buch von Jens Hagen und Günter Wallraff „Was wollt ihr denn, ihr lebt ja noch“, hergestellt. Aber unmittelbar zugrunde liegt die Arbeit einer Bürgerinitiative. Die Gruppe hatte sich gegen den Bau eines Kraftwerkes gewehrt, einen Gerichtsbeschluß erreicht, der den Kraftwerkbau untersagte und erfahren, daß daraufhin die gesetzlichen Bestimmungen über den Umweltschutz geändert werden sollten. Die Aufschrift „veba-steag“ benennt den Fall. Später haben auch andere Bürgerinitiativen das Plakat in ihre Aktionstechniken eingebaut.

Offset/Siebdruck Auflage: Plakat 44000, Postkarte 25000 1973

Buchumschlag für Rowohlt Verlag, 1973

DIE LUFT
GEHÖRT
ALLEN!
aber wir
bestimmen
den
Giftgehalt

Zweig folgen, der seinen Schatten auf den Ruhenden wirft – das heißt die Aura dieser Berge, dieses Zweiges atmen.“ Der „Ruhende“ gehört – wenn man den Sachverhalt in der Sprache der Tradition einer erkenntniskritischen Philosophie ausdrückt – in den Bereich transzendentaler Voraussetzungen für die Wahrnehmung der „Aura“. (Benjamin nennt deshalb diese Wahrnehmung ein „Atmen“.) Er ruht, weil und insofern er eine in all ihren Bewegungsabläufen zum Stillstehen gebrachte Welt erwartet, damit er sie betrachten kann. In der Erwartung dieser Stille bildet seine auf die Ruhe eingestellte Wahrnehmungsstruktur das Nachbild einer ruhigen Bewegung aus, dessen kurzen Augenblick er als den Anblick eines dargestellten Lebens deutet. In dem nicht oder nur einzeln mit der Hand reproduzierten Bildwerk vermögen die Spuren aus der anhaltenden Tätigkeit der Hand dieses selbe Nachbild immer wieder neu hervorzurufen, indem wir scheinbar hinter dem Bildwerk den Blick in die Menschlichkeit einer menschlichen Verrichtung der Wahrnehmung des Bildwerkes zumuten. In dem darauf eingestellten, ruhigen Blick sucht die Wahrnehmung das Bildwerk ab auf die durch die Arbeit seiner Erscheinung eingesenkten Lebensspuren. Dieses Suchen findet nicht mehr statt.

Der Begriff der „Aura“ kennzeichnet wahrnehmungstheoretisch aufgefaßt eine notwendige Erscheinung, deren Einübung aus dem Zusammenhang gesellschaftlicher

Bis der Erstickungstod uns scheidet Wer seine politischen Erfahrungen im Medium der Mitarbeit in der Sozialdemokratischen Partei gewonnen hat, zeichnet sich durch ein distanziertes Verhältnis zur Rolle spontaner Massenaktionen aus. Er kennt die politische Bildungsarbeit der demokratischen Parteiorganisation (und der Gewerkschaften) zu genau, um nicht zu wissen, daß die wirklichen Veränderungen erst von der stetigen, langanhaltenden, durch Beschlüsse der Beteiligten immer von neuem organisierten Arbeit ausgehen. In dieser Arbeit werden die scheinbar unsichtbaren Probleme – die unsichtbar sind, obwohl ihre Folgen die Betroffenen bedrücken – in die Sprache des organisiert-politischen Handlungszusammenhanges übersetzt, dessen Ablauf über Parlament und Regierung immer von neuem anstoßfähig ist. Staecks politische Plakatkunst wird sich deshalb nicht auf den Handlungszusammenhang von Bürgerinitiativen beschränken. Nach sozialdemokratischer Auffassung sollte der soziale und demokratische Rechtsstaat selbst im Grunde nichts anderes sein als die komplexe Organisationsform für die Initiative der Bürger, um sich und anderen in Solidarität zu helfen. „Bis der Erstickungstod uns scheidet“ wurde im Auftrag des Hessischen Ministers für Landwirtschaft und Umwelt hergestellt. Über den Verteiler des Ministeriums wurde das Plakat in allen öffentlichen Gebäuden ausgehängt, außerdem an Interessenten kostenlos abge-

Offset Aufl.: Plak. 30000, Postk. 20000, RAN-Poster 123000 1974

Originalplakat einer Bürgerinitiative, 1973

Bis der Erstickungstod uns scheidet
KOHLEN

Arbeit nicht folgenlos verschwinden kann. In diesen Folgen liegt der Grund, weshalb die Kunst darauf verzichtet, ihre formalen Traditionen fortzusetzen, um sich inmitten der gesellschaftlichen Arbeit durch neue Techniken zu definieren. Innerhalb einer Reihe von wahrnehmungstheoretischen Experimentiertexten hat Benjamin einmal gesagt, das „Auszeichnende der echten Aura“ läge in einer „ornamentalen Umzirkung in der das Ding oder Wesen wie in einem Futteral eingebettet liegt“. Das gilt von der Wahrnehmung eines jeden Dinges, nicht etwa nur für die ruhige Betrachtung eines Kunstgebildes, der Dinge, die auf einem flächigen Gemälde dargestellt sind, oder einer Landschaft. Der auf die Grenze des Dinges eingestellte Blick, der den Rand fixiert und der Linie seines Verlaufes nachgeht, indem er das Ding aus der Umgebung heraushebt, unterliegt analog zu gewissen Erscheinungen der physikalischen Optik einer Beugung. In ihr verlängert er das Gesehene ein wenig über den Rand dessen hinaus, was ihm als die Grenze seiner Sicht auf das Ding vor Augen liegt. In der kleinen Bewegung, die sich dabei einstellt, bildet das Auge seinen Raum für die Wahrnehmung des Gesehenen aus. (Die moderne Kunstrichtung der „optical art“ hat den Effekt, ohne ihn als die Erscheinung der „Aura“ zu verstehen oder gar zu bezeichnen, vielfach erforscht und auf der Grundlage von Formen, Linien, Farben Vorlagen für seine Erregung hergestellt.) Da die Bewegung aus dem Auge stammt, empfinden wir ihre Entstehung. Diese Empfindung deuten wir als eine Wahrnehmung des Lebens. Wir scheinen die Empfindung eines Lebens in uns im Rahmen der Wahrnehmung eines Gegenstandes

3. bergkamener bilderbasar
11. - 17. september 1975
»umwelt(en)«

Kunst betrifft uns alle

geben. Der Minister rief mit Hilfe des Plakates dazu auf, sich an den Arbeiten des Umweltschutzes zu beteiligen.

Es röhrt zum Himmel Das Plakat gehört zu den wenigen Arbeiten, bei denen das für Staeck wichtige Darstellungsinstrument der als Schrift abgebildeten Sprache fehlt. Die Graphik wurde für den „Bergkamener Bilderbasar“ entworfen, der jährlich in Verbindung mit dem Ruhrsiedlerverband vom Kulturdezernenten der Stadt Bergkamen veranstaltet wird. Im Rahmen dieses Basares sind die Bürger aufgefordert, ihren traditionellen Wohnzimmerschmuck, das Bild über oder gegenüber der Couch, gegen originale Druckgraphik und Bilder junger Künstler einzutauschen. Staecks Plakat liegt das im unmittelbaren Umfeld des Basares jedem geläufige Wort „umtauschen“ zugrunde, das als reines Bild wörtlich genommen ist. Das optische Zitat des Rahmens schließt das Abbild eines Bildmotives ein, das in jeder Bilderhandlung käuflich ist. Eine abgründige Hintersinnigkeit liegt allerdings darin, daß es sich bei dem Bildmotiv des „röhrenden Hirsches“ ursprünglich nicht um eine romantische oder naturalistische Darstellung handelt, sondern um die Wiedergabe einer uralten Emblematik (Sinnbild) aus der Tradition der Tierallegorien. Der röhrende Hirsch ist das traditionelle Sinnbild des Gewissens.

Offset/Siebdruck Auflage: Plakat 3500, Postkarte 35000 1975

Zeitung zum 3. Bergkamener Bilderbasar, Auflage 25000, 1975

vor uns zu sehen. Aus dieser Deutung bauen wir die „Umzirkung für das Ding oder Wesen", das wir sehen, auf. (Auf Rembrandts „Mann mit dem Goldhelm" blickend, sagt der Betrachter: „Er scheint zu leben"; der Rand des Helmes und des Gesichtes ist durch ein „Spiel des Lichtes", d.h. durch den Kontrast der Farben und durch die Linie scharf hervorgehoben.) Allerdings ist die Voraussetzung für das Entstehen des Effekts, daß wir das „Ding oder Wesen" ruhig in das Auge fassen. Diese ruhige Entsprechung zwischen dem Blick und der Wahrnehmung des Innewerdens seiner selbst, die Benjamin mit dem Begriff der „Aura" kennzeichnet, hielt das traditionelle Kunstgebilde an einer ihm von der Herstellung her zubestimmten Stelle fest (z.B. als Altarbild), um in dem Blick einer kontemplativen Sammlung auf den nicht bewegten Ort die für die Wahrnehmung der „Aura" erforderliche Ruhe herzustellen.

Indem das Gegenteil der Sammlung kollektiv geübt wird, und indem nicht allein die Fähigkeit entfällt, Kunstgebilde auf die in ihnen scheinbar dargestellte „Aura" in einer meditativen Haltung anzusehen, sondern die Möglichkeit, in einem quasi stillgestellten Blick überhaupt auf Dinge oder Menschen hinzusehen, bildet sich eine zusätzliche Gefährdung für die Menschen aus, deren Dialektik darin liegt, daß ihr tödlicher Charakter sich innerhalb der Signalwelt der Gefahr, für deren Wahrnehmung das Auge kollektiv geübt wird, nicht als Signal bemerkbar macht. Im Medium der Wahrnehmung

Warum eigentlich nicht? Ein wichtiges Darstellungsinstrument Staecks liegt darin, die gedruckte Sprache, die uns in unserer alltäglichen Welt überall begegnet, als optisches Zitat zu verwenden. Bei „Warum eigentlich nicht?" handelt es sich nicht um ein Plakat, sondern – in Staecks individueller Stilentwicklung betrachtet – um eine traditionelle Graphik. Die Abbildung des langen Textes setzt voraus, daß sich der Betrachter lange vor die Graphik hinstellt, um den Text in Ruhe durchzulesen. Dieses ruhige Gewahren eines Sachverhaltes findet aber in dem auf flüchtige Aufnahme hin trainierten Wahrnehmungsverhalten nicht mehr statt. Wer den Text in der Zeitschrift „Der Spiegel", Nr. 38, 1970, gelesen hat, hat ihn auch sofort vergessen, weil er zu dem nächsten Interessanten auf derselben Seite übergeht. Das Bild des Textes aus dem Zusammenhang zu reißen ist eine der Voraussetzungen für die Möglichkeit, das innerhalb des Textes Dargestellte in unserem Wahrnehmungsbereich festzuhalten. Wie der Text erschien auch das Bild in derselben Ausgabe des „Spiegel" als optischer Beleg zur Aussage des Artikels. Staecks Beitrag besteht lediglich darin, Text und Bild aufeinander, innerhalb des Wahrnehmungsraumes derselben Fläche, abzubilden. Das Blatt erschien als einzeln signierte Druckgraphik in limitierter Auflage innerhalb einer Mappe anläßlich des Internationalen Kunstmarktes in Düsseldorf 1971.

Offset/Siebdruck Auflage: Graphik 350, Plakat 1350 1971

Buchillustration für Wallraff/Hagen, „Was wollt ihr denn...", 1973

Die Nachfolger der IG Farben ließen dem SPIEGEL gegenüber keinen Zweifel, unter welchen Gesichtspunkten sie die Umwelt-Hygiene einschätzen: „Wir sind gegen perfektionierte Richtlinien." „Wir sind gegen unvertretbaren Aufwand." „Wir sind gegen wirklichkeitsfremdes Wunschdenken." Und dies vor allem: „Wir sind für eine nüchterne und sachliche Betrachtungsweise."

Das sind wir auch.

Ministerialrat Häringer beklagt die Ohnmacht seiner Landesregierung gegenüber den Industriekonzernen, die die ergangenen Gesetze nur sehr zögernd und unwillig befolgen. Er sagt: „Was sollen wir denn tun? Sollen wir den Generaldirektor von Bayer einsperren?"

Ja, warum eigentlich nicht?

Der SPIEGEL, Nr. 38/1970

einer „Aura“ werden die in unserem Gedächtnis abgelegten Bilder wachgerufen, die sich ihm früher einmal im Gang des individuellen Lebens eingesenkt haben und darin abgelegt sind wie die Traumbilder des ehemals Gesehenen, deren vorüberhuschende Klarheit uns, wenn sie uns begegnet, überrascht. Mögen wir auch – vielleicht als Kinder, in der Jugend, in einer Freundschaft, in einer plötzlich erfahrenen Zuwendung im Arbeitsleben – von der Regung einer menschlichen Begegnung unmittelbar betroffen gewesen sein, durch die Auflösung der Korrespondenz für die Arbeit des Erinnerns finden wir zu den davon im Gedächtnis aufbewahrten Bildern nicht zurück. Die Möglichkeit zerfällt, sich im Gedächtnis seiner selbst zurechtzufinden. Die Korrespondenz des Sehens stellt sich nicht mehr her, über die wir im Medium des Innewerdens der Empfindung einer Bewegung während der Wahrnehmung der „Aura“ auf die Erinnerungshilfen treffen, um den in das Gedächtnis eingesenkten Bildern zu begegnen. Der historische Zerfall der Wahrnehmungsstruktur der Ruhe, in dem die „Aura“ sich verliert, würde weniger erheblich sein, wenn er allein zu einer rigorosen Umänderung im Darstellungscharakter künstlerisch hergestellten Bildwerkes führte. Die Fähigkeit entfällt, aus der Arbeit an der Zusammensetzung einzelner Spurenbilder das Strukturbild menschlichen Lebens aufzubauen und immer wieder neu hervorzurufen. In dem kollektiv geübten Wahrnehmungsverhalten, in dessen Bedingungen das menschliche Leben nicht mehr als Sichtbares erscheint, geht auch die Fähigkeit verloren, die Struktur menschlichen Lebens aufzubauen, um das Leben fortzusetzen.

225 Jahre Goethe – 111 Jahre Hoechst Zugrunde liegen die Jubilarfeiern in Frankfurt aus Anlaß des 225. Geburtstages Goethes 1974. Für das offizielle Plakat des Kulturdezernates hatten Gerhard Kromschröder und Nicolaus Jungwirth die Abbildung des Gemäldes von Tischbein „Goethe in der Campagna“ in die Abbildung der Silhouette der Stadt Frankfurt montiert. Dieser Montage fügte Staeck den Schriftzug „111 Jahre Farbwerke Hoechst“, das Grün über dem Wasserspiegel und das Bild des skelettierten Fußes ein. Das Detail ist ein Zitat aus der barocken Allegorie des Todes. Damit hat es eine besondere Bewandtnis, deren Kenntnis wir dem großen Theoretiker der barocken Emblematik, Walter Benjamin, verdanken, wenn er die „unvergleichliche Sprache des Totenkopfes“ erklärt. Nämlich nicht das Innewerden seiner selbst dereinst als Leiche erweckt das Grauen. Vielmehr entsteht der Schauer dann, wenn wir die Unwahrheit der Auffassung durchschauen, das menschliche Leben werde als eine Art Ausfluß göttlicher Verschwendung der Menschenwelt immer von neuem nachgereicht; als sei das Leben von seiner Quelle her unendlich. Grauen entsteht, wenn wir diesen Schein als Täuschung sehen und gewahren, daß das als Fülle vorgestellte Menschenleben, ausbeutender Verwüstung freigegeben, geschichtlich so wenig unerschöpflich ist wie Natur und Landschaft auch.

Offset/Siebdruck Auflage: Plakat 3200, Postkarte 30 000 1974

Originalplakat zum Goethe-Jahr von Jungwirth & Kromschröder, 1974

225
JAHRE
GOETHE
111
JAHRE FARBWERKE
HOECHST

Kapitel VI

Walter Benjamin ist davon ausgegangen, daß sich die gesellschaftliche Auflösung der Wahrnehmungsstruktur der Ruhe nicht rückgängig machen läßt. Er hat sich dabei nicht als Historiker oder Soziologe, sondern als Theoretiker der Kunst geäußert. Die klassische Form der marxistischen Geschichtsauffassung nimmt eine kausale Abhängigkeit zwischen den geschichtlichen Formen an, in denen sich die materielle Produktion von Gütern regelt, und den Erscheinungen des „Überbaues", zu denen neben den Rechtsverhältnissen, religiösen Vorstellungen und institutionalisierten Bildungssystemen auch die Kunst gehört. So zwingt die Entwicklung der technisch-industriellen Produktionsform die Gesellschaft, Ingenieure auszubilden. Sie veranlaßt den Abbau des religiösen Rituales jedenfalls so weit, wie es der Ausbildung und Anwendung wissenschaftlich-technischer Rationalität entgegensteht. Und sie ruft den Zwang zur Einrichtung einer staatlichen Organisation hervor, in der die politischen Gesetze die Rechtsformen des industriellen Produktionsbetriebes, die rechtlich nicht begrenzte Bereitstellung der Rohstoffe und die Verkehrsformen für den technisch unbegrenzten Austausch der produzierten Güter als der Waren und den Fluß von

Heidelberg Als Vorlage diente ein Plakat der Stadwerbung des Heidelberger Fremdenverkehrsverbandes. Staeck hat den Rahmen dieses Plakates beibehalten und ein Bild vom Abbruch einer Häuserzeile unter einem roten Himmel einmontiert. Das Plakat der Stadtwerbung zeigt das Bild der Stadt in einem Blick, der sich von einer Straße mit dem Namen „Philosophenweg" aus, quer über den Neckar, über die Alte Brücke zur Schloßruine hin erstreckt. Für sein Bild der Stadt hat Staeck den Blickpunkt auf die andere Neckarseite, auf die Seite der Schloßruine selbst verlegt und im Aufscheinen der untergehenden Sonne über dem Horizont des Abrißphotos jene Blickachse wieder hergestellt, auf der die Wahrnehmung des Einzigartigen der Schönheit Heidelbergs beruhte. Das einmontierte Photo zeigt den Abbruch des Kuno-Fischer-Hauses in der „Plöck". Kuno Fischer war der berühmteste Philosoph der Universitätsstadt im 19. Jahrhundert. Ehe die Gebäude in den Städten abgerissen werden, wird das Gedächtnis ausgelöscht, mit dem sie sich verbinden. Damit erblinden unsere Augen. Erst wird das Schöne nicht mehr wahrgenommen, ehe es verschwindet. Als Beitrag zum europäischen Denkmalschutzjahr ließ Staeck das Plakat auf eigene Kosten im August 1975 an Litfaßsäulen und in U-Bahn-Stationen Frankfurts aushängen.
Offset Aufl.: Plakat 3000, Postk. 15000, DAS DA-Poster 60000 1975

Originalplakat der Heidelberger Fremdenverkehrswerbung, 1975

Besucht das schöne
Heidelberg
bekannt für seine Straßen und Plätze

Kapitalien sichern. Diese Abhängigkeit werde auf der Ebene der künstlerischen Darstellungsprobleme wiederholt. Walter Benjamin verwendet diese Annahme, um die Aussagekraft des Wandels künstlerischer Darstellungsformen zu vertiefen. Wenn sich die Kunst in ihrem allgemeinen Grundcharakter als eine gesellschaftliche Arbeitsform begreifen läßt, in der menschliches Leben innerhalb einer gegebenen Gesellschaft wahrnehmungsfähig wird, so zeigt sich in ihrem Wandel wie in einem Spiegel, daß sich das Leben aus dem Zentrum der gesellschaftlichen Arbeit, das durch die technisch-industrielle Produktion bestimmt wird, zurückzieht und entfernt. Der Wandel zeigt sich, indem die traditionell künstlerischen Darstellungsformen nur in Randzonen der Gesellschaft wahrgenommen werden. Als Spiegel angesehen, zeigt sich in dem Wandel die Kette der gesellschaftlichen Destruktion als „Rückseite" des technisch-industriellen Fortschritts: was sich als Zerstörung ausbreitet, erscheint als Fortschritt, weil es im Medium einer Sinneswahrnehmung abgebildet wird, deren Voraussetzungen für die Wahrnehmung menschlichen Lebens aufgelöst sind.

Ohne Benjamins Theorie in einem expliziten Sinn zu kennen, ist Staeck der Logik des Herstellungsprozesses nachgegangen, in der die auf die Wahrnehmung durch viele Menschen angelegte Graphik das praktische Erkunden der kollektiven Wahrnehmungsstruktur mit sich verband. Er hat dabei den Vorgang wiederholt, den Benjamin

25 Jahre Grundgesetz In der durch ein agiles Kunstleben ausgezeichneten schwäbischen Kleinstadt Rottweil wurde 1974 eine Ausstellung „Künstler machen Fahnen" organisiert. An dieser Ausstellung hat sich Staeck beteiligt und dafür polemisch die Abbildung einer Ausgabe der „Bild-Zeitung" als Fahne hergestellt. Wenn man Fahnen wie bei Massendemonstrationen zusammen mit den Transparenten als Mittel einer öffentlich gezeigten Mitteilung auffaßt, kann sie als Plakatform gelten. Aber was ist selbst ein Meer von roten Fahnen gegen die Leuchtkraft der Produkte von IG Farben, die unsere alltäglichen Bildwelten durchflutet? Was in früheren Jahrzehnten als ein Fanal gesehen worden sein mag, ist verblaßt und nur noch Ansammlung von schmutzig-roten Tüchern. Die „Demonstration" macht nichts mehr sichtbar. Es sei denn Massen; aber dann erscheinen die Massen selber als Problem und nicht als Darstellungen eines Subjektes, das gesellschaftliche Probleme lösen könnte. Heute verständigen sich die Menschen im Medium industriell hergestellter Bildersprachen. Deshalb kommt es darauf an, deren Produktionsmittel: die maschinelle Technik, für den demokratisch organisierten Austausch von Gedanken zu erschließen, um dadurch zugleich dem kommerzialisierenden Gebrauch der Mittel das Monopol auf das Sprechen dieser Sprachen zu entwinden. Staeck verwendet eine originale Seite der „Bild"-Zeitung (24. 6. 1974) im Bezug zum Datum: 25 Jahre Grundgesetz – Weltmeisterschaft im Fußballspielen.

Fahne, 4×2 Meter Auflage: 3 Stück 1974
Deutsches Kunstsiegel, Aufkleber, Auflage 8000, 1972

OKASA
§ 218: Filbinger will eine neue Lösung finden
Sprite
Bild
Noch ist Deutschland nicht verloren
Unsere nächsten Gegner sind Jugoslawien, Schweden, Polen
Nachrichten
Pat Nixon geht nachts allein spazieren
25

als das Herauslösen des Kunstgebildes aus dem „Ritual" und als die notwendige „Fundierung" der Kunst auf Politik beschrieben hat. Allerdings war für ihn die Freiheit, ein Kunstgebilde herzustellen, das, wie das Plakat, sich nicht selbst als Kunstgebilde darstellt, ohne die Auseinandersetzung mit der „Objektbildung" in der künstlerischen Technik der „Aktionskunst" nicht vollziehbar. Die Auslöschung der künstlerisch-politischen Tradition im 20. Jahrhundert war in Deutschland während der Inflationszeit nach dem Ersten Weltkrieg, während der Herrschaft des Faschismus und in der ersten Nachkriegszeit nach 1945 so vollständig gewesen, daß erst 1962/63 die Aufdeckung der „Fluxus"-Ziele (Nam June Paik, Georg Maciunas) aus einer damals schon weit entwickelten Internationalität durch eine Düsseldorfer Künstlergruppe den Brückenschlag zu jenen Voraussetzungen schaffte, von denen die Dada-Kunst um 1916 ausgegangen war. In einer an den finanziellen Mitteln gemessen gigantischen Ausstellung „intermedia 69" in Heidelberg versuchte Staeck 1969 in Aktionen, Happening, Film, experimenteller Musik, Aktionstheater, Objekten, Environments zu dokumentieren und zu zeigen, welche Ausdrucksformen und welche Probleme die aus der „Fluxus"-Bewegung hervorgegangene Avantgarde inzwischen erreicht hatte. Das wichtigste Element, das Staeck auf dem Weg zu seiner Technik der Plakatkunst der kritischen Beschäftigung mit den Arbeiten dieser Avantgarde entnommen hat, liegt in der Methode, das Bildobjekt nicht als in sich abgeschlossenes Kunstgebilde, sondern als bloßen Bestandteil des öffentlich vollzogenen und öffentlich zu organisierenden

Terroristen verherrlicht?

Tgn. HANNOVER, 23. Mai. Eine Ausstellung von Plakaten des Heidelberger Graphikers Klaus Staeck, „auf denen CDU/CSU-Politiker verunglimpft und diffamiert, Ulrike Meinhof und Holger Meins als Angehörige einer Terrorbande dagegen verharmlost oder verherrlicht wurden", ist am Freitag vom Altpräsidenten des Niedersächsischen Landtags, Osmers (CDU), scharf kritisiert worden. In einer parlamentarischen Anfrage beanstandete der Abgeordnete, daß die Plakate auf Veranlassung einer sozialdemokratischen Schülergruppe im Gymnasium Zwischenahn-Edewecht gezeigt wurden und daß die Schulleitung außerdem die Verteilung von Handzetteln mit dem Hinweis erlaubt habe, Bestellungen würden „im SPD-Parteibüro in der Bahnhofstraße gern entgegengenommen". Von der Landesregierung wünscht Osmers zu wissen, ob sie die Auffassung teile, daß die ausgestellten Plakate geeignet seien, den im niedersächsischen Schulgesetz formulierten Bildungsauftrag zu verletzen, wonach die Schüler unter anderem befähigt werden sollen, „ihre Beziehungen zu anderen Menschen nach den Grundsätzen der Gerechtigkeit, der Solidarität und der Toleranz zu gestalten".

Quick Das Plakat gibt nichts als den Originaltext und das Originalphoto einer Zeitungsseite der Illustrierten „Quick" vom Juni 1972 wieder. Es wurde im Jahre 1972 hergestellt. Damals wurde die „Quick" als Sprachrohr einer publizistischen Kampagne gegen die Politik der sozial-liberalen Bundesregierung verwendet. Häufig wurde auf geheimdienstliches Material zurückgegriffen, um schon durch den Zeitpunkt und durch die Tatsache der Veröffentlichung zum Beispiel die Verhandlungen der Bundesregierung mit der Sowjetunion zu behindern. Für die Lieferung der Materialien kamen ehemalige Mitarbeiter der staatlichen Sicherheitsbehörden in Frage, die der damalige Chef des Bundeskanzleramtes, Minister Ehmke, entlassen hatte. Der Chefredakteur der Zeitschrift, Nauheuys, kam später selbst in den Verdacht, geheimdienstlich zu arbeiten. Er war übrigens zugleich publizistischer Regionaldirektor für die deutschsprachige Ausgabe der Zeitschrift „Playboy". Staeck isolierte aus dem Umfeld der Publizistik in der „Quick" Photo und Text, um festzuhalten, wer die „publizistischen Hilfstruppen" der „Terrorbande" waren. Dem Altpräsidenten des Niedersächsischen Landtages Dietrich Osmers (CDU) blieb es 1975 vorbehalten, gegenüber der sozialdemokratischen Landesregierung in einer Landtagsanfrage zu behaupten, durch die Ausstellung des Plakates werde Ulrike Meinhof „als Angehörige einer Terrorbande verharmlost oder verherrlicht".

Offset Auflage: Plakat 1000 1972

„Frankfurter Allgemeine Zeitung", 24.5.1975

Nur QUICK bringt alles über **Ulrike Meinhof und ihre grausamen Mädchen**

1952: Ulrike Meinhof, friedlich schlafend – das Bild täuscht. Im Innern dieses jungen Mädchens gärte es bereits. Sie fühlte sich schon längst auserwählt, „überall Gerechtigkeit zu üben“

künstlerischen Handlungszusammenhanges zu begreifen. Der künstlerische Handlungszusammenhang ist erst dann abgeschlossen, wenn er als ein Ereignis nachträglich mit Quellen, Stellungnahmen, Reaktionen, Diskussionen in einer aus der Kombination von Text und Bild entwickelten gedruckten Darstellung in der Form der Dokumentation vorliegt. Die Dokumentation: „Staeck u. Konsorten (12), Aktion: Inflationsgerede – Macht durch Angst“, Württembergischer Kunstverein Stuttgart und Experimenta 4 Frankfurt, 1971, gibt dafür ein Beispiel. Noch 1975 in der Dokumentation „Der Fall Staeck“ zur Auseinandersetzung um Staecks Beteiligung an der Londoner Kunstausstellung „Art into Society – Society into Art“, herausgegeben von Staecks Mitarbeiterin Ingeborg Karst, zeigt sich dieses Verfahren, den Anstoß der Aktion erst dann als abgeschlossen anzusehen, wenn das Geflecht der Reaktionen im Medium einer eigenen Darstellung übersichtlich gemacht und einer Öffentlichkeit vorgelegt ist. Die Dokumentation bildet einen der Zielpunkte jeder Kunstaktion. Sie ist einer ihrer notwendigen Bestandteile, um die in der Aktion ausgelöste Bewegung zu fixieren und um die von ihr hervorgerufenen Prozesse nachprüfbar festzuhalten. Allerdings verwendet Staeck die Technik rigoros, um politische Vorgänge hervorzurufen. Im scharfen Gegensatz etwa zu der Aktionstechnik von Joseph Beuys legt er allen Nachdruck seiner Energie darauf, jedes Relikt einer auratischen Erinnerung von dem künstlerischen Vorgang fernzuhalten, um ohne jeden Vorbehalt die Bedingungen der kollektiven Wahrnehmungsstruktur durch das Bildobjekt in der Plakataktion zu erreichen.

Ausgewogenheit Die Plakatkunst zielt darauf ab, viele Menschen zu erreichen. Aber aus diesem Ziel folgt nicht, daß ihre Mittel grob sein müßten. Die Wirkung der Plakatkunst von Klaus Staeck beruht auf dem Transport des Mediums für eine List, um eine Stelle innerhalb des kollektiv geübten Wahrnehmungsverhaltens zu besetzen, das scheinbar nur die Sensation an sich heranläßt. Wie die meisten Bildobjekte wird auch „Ausgewogenheit“ neben der Hauptdarstellung in Plakatform als Postkarte verwendet. In der unmittelbaren Nähe von sehr vielen Arbeitsplätzen befinden sich Wände oder Nischen, an denen die Ansichtskarten von Urlaubsorten der Kolleginnen und Kollegen angebracht sind. Die Postkarte in dieser Umgebung aufgehängt, wird dazu führen, daß viele beim flüchtigen Vorübergehen stutzen, und entweder das Bild zustimmend lesen, lachen oder den Kopf schütteln und den Kollegen, der die Karte aufgehängt hat, in ein Gespräch verwickeln. In der kurzen Unterhaltung, die sich anschließt, wird die Meinung niemanden aufgedrungen, die CDU/CSU benutze das Schlagwort „Ausgewogenheit“, um die Massenmedien mit ihren Anhängern und Funktionären zu durchsetzen. Dafür wäre die Zeit der Unterhaltung viel zu kurz. Aber das gängige Wahrnehmungsverhalten ist einen Augenblick lang unterbrochen.
Offset Auflage: Plakat 3000, DAS DA-Poster 60000, RAN-Poster 123000, Postkarte 32000 1975

Filbinger-Protest gegen Staeck-Film

Sein Mißfallen über die vom WDR für den 29. Februar angesetzte 45-Minuten-Sendung über den Heidelberger Graphiker und Rechtsanwalt Klaus Staeck („Signale aus der Ingrimstraße“, ARD, 21.55 Uhr) hat der baden-württembergische Ministerpräsident Hans Filbinger geäußert. In einem Fernschreiben vom 24. Februar bittet er WDR-Intendant Klaus von Bismarck „zu prüfen, ob die Ausstrahlung dieser Sendung zu diesem Zeitpunkt mit der Pflicht des öffentlich-rechtlichen Rundfunks zur Überparteilichkeit zu vereinbaren ist“. Zur Begründung seines Vorstoßes verweist Filbinger darauf, daß Staeck zur Zeit als Wahlhelfer der SPD für die am 4. April stattfindende Landtagswahl in Baden-Württemberg auftrete und seine Plakate von der SPD als Werbemittel eingesetzt würden. Die Landesregierung in Stuttgart erwäge „gerichtliche Schritte wegen des besonders verleumderischen Inhalts eines dieser Werbemittel“. Eine Sendung über Staeck zu diesem Zeitpunkt könne daher „eine offene oder versteckte Wahlhilfe für die SPD darstellen“.

„Frankfurter Rundschau“, 27. 2. 1976

Wir garantieren Meinungsvielfalt durch Ausgewogenheit

Klaus Staeck läßt die Bildobjekte der Plakatkunst als von der Erinnerung an Kunst gereinigte Instrumente einer aggressiven Sichtwerbung hervortreten. Als Beitrag für die Nürnberger Feierlichkeiten zum Dürer-Jahr 1971 ließ er auf die Wiedergabe von Dürers berühmten Mutterbildnis in einem längs gestellten Schriftzug die Frage drucken: „Würden Sie dieser Frau ein Zimmer vermieten?“ Er trat nicht als Kunst produzierendes Individuum, sondern als eine Firma in Erscheinung, die kommerziell zugängliche Werbeflächen für den Aushang ihrer Plakate mietet. Die sichtbar inmitten der Plakatlandschaft ausgestellte Frage mit ihrem überraschenden Bezug zwischen dem als Gegenstand auratischer Verehrung sehr bekannten Bildnis eines in Entbehrungen gealterten Menschen zu der Unterstellung, daß diesem Menschen heute in seinem einfachsten Bedürfnis, dem zu wohnen, nicht geholfen würde, wirkte als Provokation in einer Stadt, die sich auf einen besonders feierlichen Umgang mit den Kunstgebilden Albrecht Dürers eingestellt hatte. Die Plakataktion durchbrach die scheinbar allgemeingültige Erwartung, daß Kunst mit einem solchen unmittelbaren Lebensinteresse nichts zu tun habe.

Die Kette der Versuche, die geschichtlich veränderte Wahrnehmungsstruktur durch eine neue Darstellungsgestalt für die Darstellung des Kunstvorganges zu erreichen, ist lang; sie begleitet die Geschichte der Moderne. Benjamin selbst hat auf den Dadaismus

Seit der Heidelberger Rechtsanwalt und Graphiker Klaus Staeck Abziehbilder mit „typischer TV-Gestik“ des Mainzer Tele-Visionärs Gerhard Löwenthal (Photo) „zum Selbstkostenpreis von 20 Pfennig“ feilbietet und „jemand vom ZDF auf einen Schlag 150 Stück“ geordert hat, zieren die Selbstklebefolien Türen und Gerät in den ZDF-Hauptquartieren Mainz und Wiesbaden und hängen zudem in sämtlichen Landesstudios aus. Lediglich in den eigenen Redaktionsräumen braucht Löwenthal sein Abbild nicht zu fürchten: Getreue kratzten die Plaketten ab. Um den Klebern auf die Spur zu kommen, wies der rechtskonservative „ZDF Magazin“-Moderator seinen Vertrauten Friedrich Mönckmeier an, bei Chefredakteur Rudolf Woller vorstellig zu werden. Löwenthals Wunsch: Das ZDF-Justitiariat möge den Fall untersuchen.

Bedienungsanleitung Die „Bedienungsanleitung“ wurde ursprünglich als Beilage für einen Kunstkalender in der Erstauflage von 200 Stück gedruckt. Binnen zweier Jahre erreichte die Auflage dann 120000. Zugrunde liegt die Kollektiverfahrung der Anhänger der 1969 zum erstenmal gebildeten sozial-liberalen Regierungskoalition, daß der Moderator des politischen Magazins im Zweiten Deutschen Fernsehen, Löwenthal, nach dem Wahltag in der damals wöchentlich ausgestrahlten Sendung den Stil der Auseinandersetzungen des Wahlkampfes fortsetzte, um die Politik der Koalitionsparteien zu bekämpfen. Das Magazin hat dadurch viel zu der Selbsttäuschung der CDU/CSU beigetragen, durch die Kritik an der West-Ost-Entspannungspolitik sei die Regierung Willy Brandt zu Fall zu bringen. Im Gegenzug suchten die Anhänger der SPD und der FDP nach einem Mittel, um sich gegen die Wirkungen des Massenmediums zur Wehr zu setzen, nachdem der Wahlkampf selbst vorbei war. Staecks Aufkleber gab ihnen ein kleines Massenmedium in die Hand. Einzelne Exemplare sind bis in die Büroräume des Magazins gelangt. Für Staeck war die Beobachtung dieser Wirkung deshalb wichtig, weil sich in ihr exemplarisch zeigte, daß das Plakat mit Elementen einzelner Kollektiverfahrungen und dessen Bedürfnissen zu handeln ausdrücklich verbunden werden muß, um die etwa gleichzeitige Aufnahme durch sehr viele Menschen zu erreichen.

Offset Auflage: 120000 1971

Aus „Der Spiegel“, Nr. 47, 1971

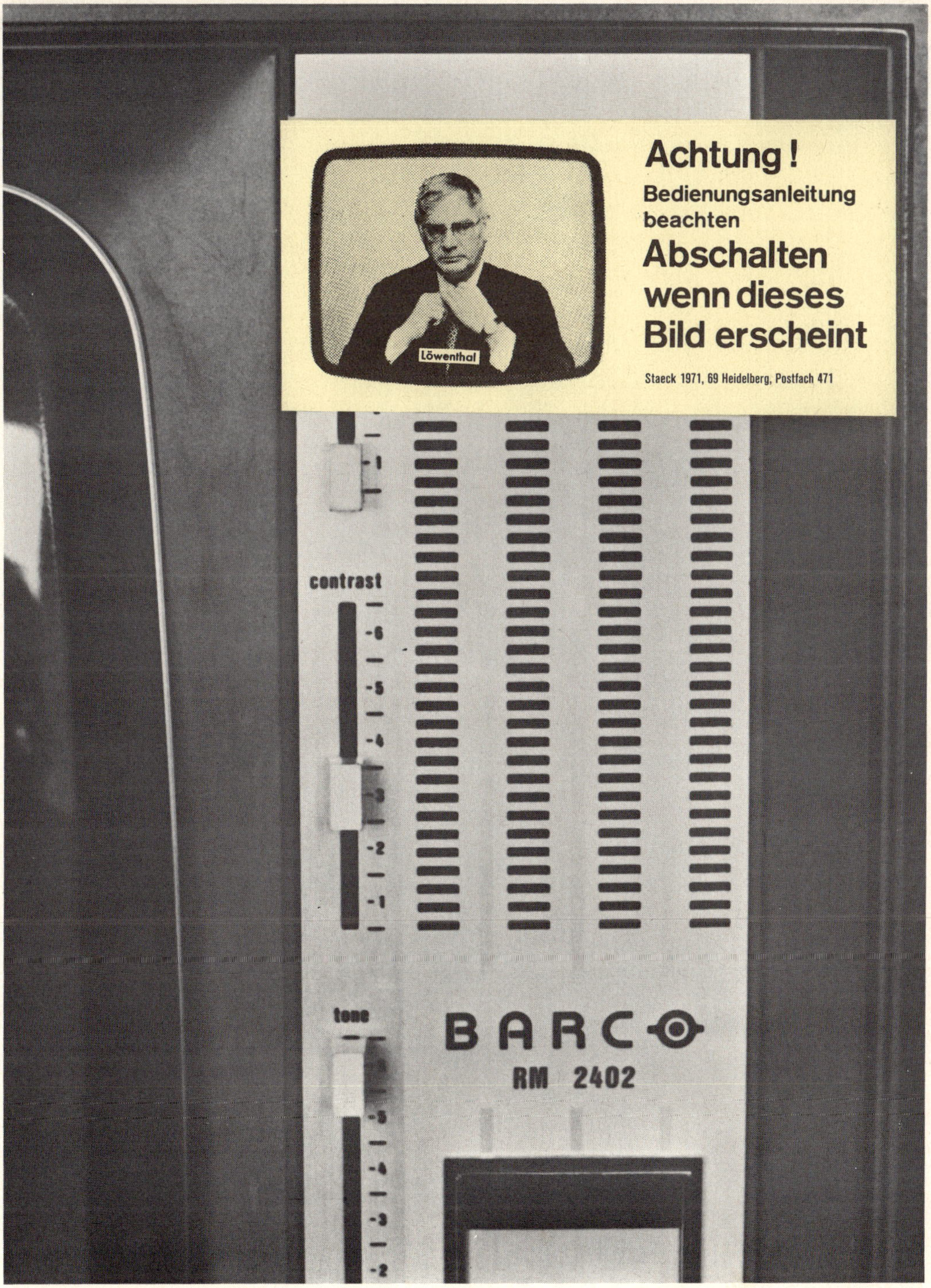
Löwenthal
Achtung!
Bedienungsanleitung beachten
Abschalten wenn dieses Bild erscheint
Staeck 1971, 69 Heidelberg, Postfach 471
contrast
tone
BARCO
RM 2402

hingewiesen. Die Dadaisten versuchten, die „Unverwertbarkeit" der Kunstgebilde als „Gegenstände kontemplativer Versenkung" und diese „Unverwertbarkeit suchten sie nicht zum wenigsten durch eine grundsätzliche Entwürdigung ihres Materiales zu erreichen". Ihren Gemälden haben sie zum Beispiel Knöpfe und Fahrscheine aufmontiert, um zu einer „rücksichtslosen Vernichtung der Aura ihrer Hervorbringungen" zu gelangen. Allerdings wurde diese Technik zwar rücksichtslos, aber nicht ohne jeden Vorbehalt verwendet. Der in die Bildfläche hineingestellte Fahrschein bildet zwar den symbolischen Schnitt, um das Malen grundsätzlich zu unterbrechen; aber als das Ziel der Darstellung bleibt der unterbrochene Kunstvorgang selbst festgehalten. Er führt das Bildobjekt im Laufe seiner Rezeptionsgeschichte wieder in die Randlage des gesellschaftlichen Arbeitszusammenhanges zurück. Als eines der Mittel für die grundsätzliche Unterbrechung wurden auch Photomaterialien in die Textur des Striches eingeführt. Aber noch bis in John Heartfields späte und bis in seine berühmtesten Photomontagen, in denen die Mittel dieser Unterbrechung längst selbständig verwendet werden, zeigt sich die Herkunft aus dem Grundvorgang des Malens, aus dem Zeichnen. So zeigt sein Blatt „Das ist das Heil, das sie bringen!" (1938) über der photographischen Abbildung von Leichen und einer verbrannten Straßenflucht, den Horizont im Inneren des Bildobjektes ausbildend, wie sich die Kondensstreifen aus den Triebwerken von fünf Flugzeugen zu den Fingern einer großen Knochenhand verwischen, die mahnend jene Abbildung der Toten unter sich begreifen. Das Material ist

Amtsarsch Der Eindruck würde falsch sein, bei Staecks Plakatkunst handle es sich um eine einzige Serie künstlerischer Meisterwerke. „Konturen eines Amtsarsches" streift die Nähe des kommerziellen Witzposters von der Art, wie sie in Poster-Shops erhältlich sind. Der Bildwitz liegt darin, daß die Konturen eines wirklichen Arsches vor dem Hintergrund einer babyrosa getönten Fläche erscheinen. Plakat und Postkarte sind in der Auseinandersetzung mit verschiedenen Kultusbürokratien entstanden, denen der Gedanke ernsthaft nicht zugemutet werden kann, daß die Arbeiten Staecks etwas mit Kunst zu tun haben. Staeck antwortet durch die Geste einer demonstrativen Darstellung von Nichtkunst: das Schimpfwort „Amtsarsch" ist lediglich als Bild verdoppelt. Im Bundestagswahlkampf 1972 hat die „Junge Union" ein ähnlich einfaches Verfahren auf einem Plakat für die Zielgruppe Jungwähler verwendet. Der Slogan „Sei kein Frosch – wähl CDU" wurde mit dem Bild eines großen, in Nahaufnahme wiedergegebenen, sehr schönen Frosches unterlegt, dessen Stielaugen den „Jungwähler" betrachten. Das Darstellungsinstrument hat das Wort „Frosch" optisch wiederholt, die Hauptaussage des Plakates, „wähl CDU", der ablenkenden Aufmerksamkeit anpassend. Die graphische Technik entzieht sich dabei den Aufgaben der Kunst, gerade im Gegenzug zu dem kollektiv geübten Wahrnehmungsverhalten eine gesellschaftliche Arbeit zu verrichten.

Offset/Siebdruck Auflage: Plakat 4000, Postkarte 60000 1974

„Der Spiegel" (Ausgabe für Spanien), 31.3.1975

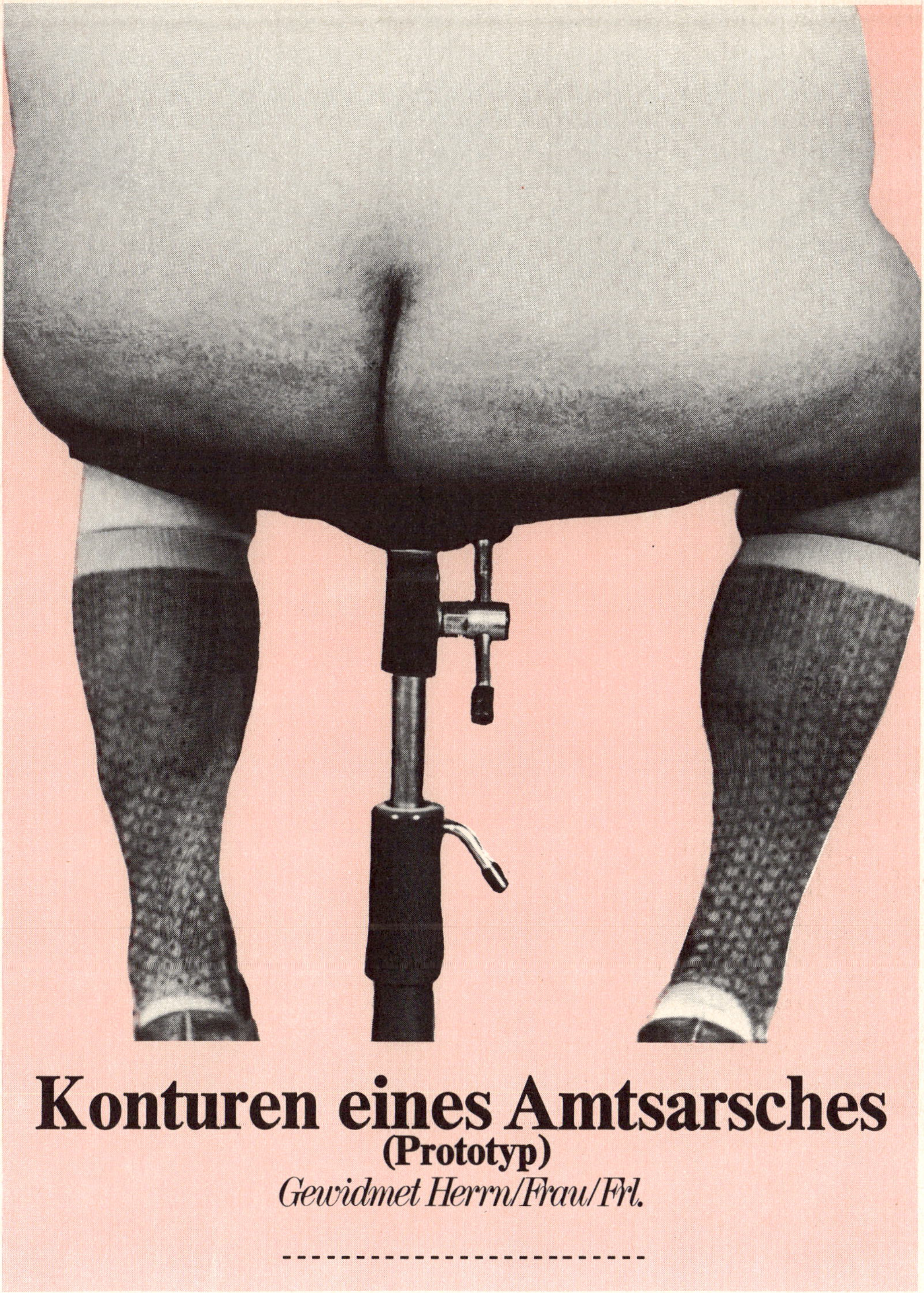

Konturen eines Amtsarsches
(Prototyp)

Gewidmet Herrn/Frau/Frl.

----

mit der künstlerischen Handschrift kombiniert, die Montage selbst aus einem zeichnenden Grundvorgang entwickelt. Heartfield bildet das Photomaterial zurück in den graphischen Gestus einer Kohlezeichnung, den er zu einer monumentalen Darstellung eines Gedenkblattes ausbildet. Mag sich das Kunstgebilde auch gegen die Entstehung einer „Aura" richten, selbst John Heartfield gelingt ihre Auslöschung innerhalb des Bildobjektes nicht vollständig. Nicht nur die Heartfields Anfängen parallelen Zeichnungen von George Grosz, die Objekte aller an der ersten Dada-Ausstellung 1917 in Zürich Beteiligten (Arp, Max Ernst, Feininger, Klee, Kokoschka, Chirico, Kandinsky, Modigliani und Picasso) haben inzwischen durch die Dauer ihren auratischen Grundcharakter nachgewiesen. Die Bildwerke John Heartfields sind bis in den Rang einer Art von Klassik für die Kunst der Photomontage nachgereift.

Buchumschlag, Auflage 5000, 1975

Der Wind hat sich gedreht Zwischen demokratischen Politikern, die bei ihrer Einschätzung einer politischen Situation die Konstellation gesellschaftlicher Kräfte bedenken, gibt es einen klassischen Dialog; Frage: „Was machen die Kleinbürger?" – Antwort: „Sie schwanken." Sie schwanken deshalb, weil sich die Störungen im gesamtwirtschaftlichen Prozeß bei ihnen schneller bemerkbar machen als bei den Arbeitern, deren Einkommen durch längerfristige Tarifverträge abgesichert sind, und als bei den großen Unternehmen, deren Kapitalien ausreichen, um Durststrecken zu überstehen. In der dabei entstehenden Angst um die Existenz verändert sich das politische Verhalten. Im Verlauf der Wirtschaftskrisen Ende der zwanziger Jahre gelangte ein großer Teil der Arbeiter und Angestellten selbst in eine kleinbürgerliche Lage der Angst, vor dem Verlust der Möglichkeit, dasjenige Produktionsmittel, das sie besaßen, die Arbeitskraft, noch weiter zu verkaufen. Die Folgen sind bekannt. Als sich im Höhepunkt der weltwirtschaftlich bedingten Rezession im Jahre 1974 die Arbeitslosenzahlen der Millionengrenze näherten, war durch den Ausbau der sozialen Demokratie in einigen für Arbeiter und Angestellte besonders wichtigen Einzelfragen die Entstehung kleinbürgerlicher Massen schon vorweg verhindert. Gleichwohl versuchten Massenmedien, Intellektuelle, Publizisten und Politiker, kleinbürgerliche Angstbewegungen in Gang zu setzen. Dagegen wehrte sich Heinrich Böll. „Tendenzwende" sei lediglich „ein hübsches Wort für Rechtsruck". Die Serie der Collagen von Klaus Staeck erschien als Einblendung in den Druck von sieben Gedichten Heinrich Bölls, die der Labbé & Muta Verlag, Köln, als Buch herausbrachte, 1975. Er wurde inspiriert durch eine originale Selbstanzeige der Zeitung „Die Welt" vom 31.12.1974.

Offset Auflage: 5000 1975

Der Wind hat sich gedreht.

Viele Menschen in unserem Land sind der
ideologischen Herausforderung müde.
Sie suchen wieder nach der Bewahrung des Bewährten.
Sie verlangen nach Sicherheit vor radikaler Gewalt.
Sie wollen einen Staat mit Autorität.
Sie fragen nach Ordnung in Freiheit.
Sie fordern die Rückkehr zur Leistung.
Sie sehnen sich nach demokratischer Solidarität.
Sie wenden sich von Ideologien ab und Idealen zu.
Sie sind wieder bereit, sich zu belasten.

[redacted] ist immer für die Bewahrung
des Bewährten eingetreten.
[redacted] ist deswegen
heute die Zeitung von morgen.

[redacted]

UNABHÄNGIGE TAGESZEITUNG FÜR DEUTSCHLAND

Viele Menschen in unserem Land sind der ideologischen Herausforderung müde

Sie suchen wieder nach der Bewahrung des Bewährten

Viele Menschen in unserem Land sind der ideologischen Herausforderung müde

Sie verlangen nach Sicherheit vor radikaler Gewalt

Viele Menschen in unserem Land sind der ideologischen Herausforderung müde
Sie wollen einen Staat mit Autorität

Viele Menschen in unserem Land sind der ideologischen Herausforderung müde

Sie fragen nach Ordnung in Freiheit

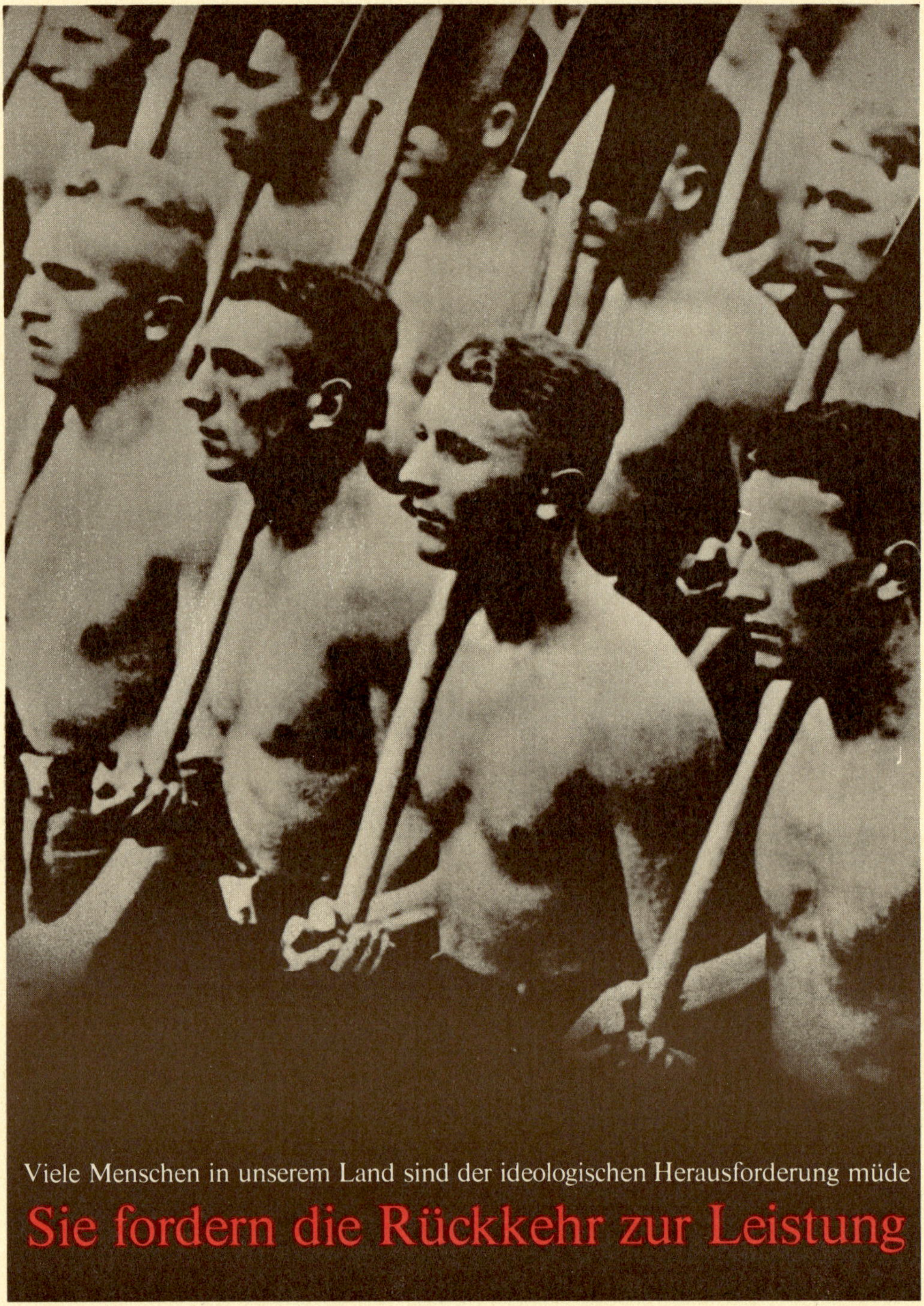
Viele Menschen in unserem Land sind der ideologischen Herausforderung müde
Sie fordern die Rückkehr zur Leistung

AUF INS SUDETENLAND!
Viele Menschen in unserem Land sind der ideologischen Herausforderung müde
Sie sehnen sich nach demokratischer Solidarität

Viele Menschen in unserem Land sind der ideologischen Herausforderung müde
Sie wenden sich von Ideologien ab und Idealen zu
Deutsche Studenten marschieren
wider den
undeutschen Geist

Viele Menschen in unserem Land sind der ideologischen Herausforderung müde

Sie sind wieder bereit, sich zu belasten

Kapitel VII

John Heartfield hat großen Wert darauf gelegt, seine Kunstpraxis aus dem Zusammenhang der Dada-Bewegung herausgelöst zu haben. Rückblickend schreibt sein Bruder Wieland Herzfelde, der Eintritt in die KPD 1918 habe für sie bedeutet, „unseren Beruf, den wir schon längst als Verpflichtung zum Widerstand gegen die Obrigkeit auffaßten, so auszuüben, daß wir der Partei und der Weltrevolution nützten". Heartfield hat durch die Technik der Photomontage der Graphik das Messenmedium des Buchumschlages neu und das neue Massenmedium der illustrierten Zeitung überhaupt zum erstenmal erschlossen. Das letztere allerdings erst 1927, als die wöchentlich erscheinende „Arbeiter-Illustrierte-Zeitung" auf den Kupfertiefdruck umgestellt wurde. Für eine tatsächliche Massenwirkung blieb deshalb wenig Zeit. Heartfields wichtigste Arbeiten sind ab 1933 im Prager Exil entstanden. Sie haben heute einen denkwürdigen Charakter; aber ihre Geschichte ist mit der Auflösung der proletarischen Öffentlichkeit in Deutschland verbunden. Heartfield hatte geglaubt, durch seine Kunst der Arbeiterklasse ein Medium zu verschaffen, um das als Subjekt gedachte Bewußtsein, Interesse und Handeln dieser Klasse sichtbar auszudrücken. Er wendet sich an eine durch

Helmut Gollwitzer überreicht Heinrich Böll die Ossietzky-Medaille

Verleihung der Ossietzky-Medaille Am 8. Dezember 1974 wurde Heinrich Böll im Jüdischen Gemeindehaus in Berlin von der Internationalen Liga für Menschenrechte die Carl von Ossietzky-Medaille verliehen. Die Berliner CDU hatte demonstrativ die Teilnahme an der Feier abgelehnt. Böll hatte 1966 – in der Zeit, als die damals regierende CDU/CSU in der damaligen Wirtschaftskrise auf eine rechtskonservative Theorie von der „formierten Gesellschaft" zurückgegriffen hatte – in einer Rede zur Eröffnung eines Theaters unter anderem gesagt: „Dort wo der Staat gewesen sein könnte oder sollte, erblicke ich nur einige verfaulende Reste von Macht." In demselben Jahr hatte Karl Jaspers sein Buch „Wohin treibt die Bundesrepublik" herausgegeben, in dem eine ähnlich lautende These dargestellt wird. Böll hatte diese Äußerung getan, um die in dem Theater versammelten Künstler aufzufordern, sich um das staatliche Gemeinwesen zu kümmern. 1974 war diese acht Jahre zurückliegende Äußerung erst von Journalisten, dann von der CDU und insbesondere von dem Vorsitzenden der CDU-Fraktion im Berliner Abgeordnetenhaus, Lummer, aufgegriffen worden, um zu behaupten, der Nobelpreisträger sei der geistige Urheber terroristischer Handlungen aus dem Umkreis der Baader-Meinhof-Gruppe. Böll hatte daraufhin versucht, den durch die parlamentarische Immunität geschützten CDU-Fraktionsvorsitzenden wegen der Verleumdung gerichtlich zu belangen. In Wahlveranstaltungen der CDU wurde Böll öffentlich aufgefordert, die Bundesrepublik zu verlassen. Staecks Postkarte hat den Charakter einer Solidaritätsadresse. Die Liga für Menschenrechte hat den sterbenden Ossietzky 1938 finanziell unterstützt, um dem Gefangenen eine ärztliche Versorgung zu ermöglichen.

Offset Auflage: Postkarte 6000 1974

3. Dez. 1974 Carl v. Ossietzky erfährt im KZ, daß die Berliner CDU den Empfang für Heinrich Böll zur Verleihung der Ossietzky-Medaille boykottiert.

Klassenkämpfe vorstrukturierte Öffentlichkeit. Soweit es sich dabei nicht um die Öffentlichkeit innerhalb der Arbeiterklasse selbst handelt, wiederholt sich aber ungewollt der Ausstellungseffekt des dadaistischen Kunstverhaltens. Der Dadaismus, das letzte Aufbegehren einer künstlerisch-politischen Avantgarde gesamteuropäischen Charakters, hatte sein Aufbegehren aus einer Kritik des Ausstellungsvorganges hergeleitet, um die veränderte Wahrnehmungsstruktur zu treffen. (Die Keimzelle der dadaistischen Bewegung im Jahre 1916, das Cabaret Voltaire in Zürich, war ein Ausstellungslokal.) Das Ausstellungsproblem wird dabei so begriffen, daß durch ein Ärgernis die Aufmerksamkeit aufgerissen wird, um die Wahrnehmung in einen von dem Bildobjekt getrennt gedachten Kernbereich der Kunst, den Kunstvorgang, hineinzureißen. Später hat der Surrealismus den hier vom Bildobjekt getrennten Kernbereich noch einmal radikal verselbständigt und als die Sphäre einer eigenen Bildwelt ausgedeutet. Das Bildobjekt gewinnt dadurch seine Funktion im Vorfeld. Das Bild wird Anzeige, um die Aufmerksamkeit auf die Tatsache hinzuweisen, daß eine künstlerische Produktion stattfindet. Heartfield benutzt seine dadaistische Erfahrung, um die Aufmerksamkeit nicht für einen Kernbereich der Kunst, sondern für die Wahrnehmung des proletarischen Bewußtseins aufzuschließen. Analog verwandeln sich die Bildobjekte für die Wahrnehmung durch eine bürgerliche Öffentlichkeit zu einer Reklame, die auf die Tatsache des proletarischen Bewußtseins hinweist. Das Bildobjekt wird dadurch erneut funktionslos in dem geschichtlichen Augenblick, in dem die Basis, auf die es

Lesen macht dumm und gewalttätig Das Plakat wurde 1975 für die Frankfurter Buchmesse hergestellt und während der Messe an den Ständen verschiedener Aussteller angeschlagen. Unmittelbarer Anlaß war die parlamentarische Beratung eines Gesetzentwurfes, nach dem in das Strafgesetzbuch über einen neuen Paragraphen (§ 130a) als Definition eines neu festgelegten Straftatbestandes „Befürwortung von Gewalt" eingefügt werden sollte. Nach dieser Definition würde sich jede Darstellung von Gewalt als eine Form der „Befürwortung" strafrechtlich verfolgen lassen, wenn sie die Entstehung der Gewalt aus deren Ursache entwickelt; weil das Zeigen der Konsequenz als Befürwortung der Konsequenz aufgefaßt werden kann statt als eine Form der Aufforderung, die Ursache, aus der sich die Gewalt entwickelt, abzuschaffen. Die Darstellung der politischen Gewalt aus der öffentlichen Wahrnehmungswelt fernzuhalten, würde der Öffentlichkeit das Instrument entziehen, um in den Zeichen der verborgenen Quellen der Gewalt zu lesen. Die Menschen würden dadurch nicht von der Gewalt befreit; sondern, im Gegenteil, sie würden ihr wie einem Naturgeschehen unterworfen, weil sie dann nicht mehr in der Lage sind, im Komplex der demokratisch organisierten Handlung die Entstehung der politischen Gewaltzusammenhänge abzuwenden.

Offset Aufl.: Plak. 7500, DAS DA-Poster 60000, Postk. 10000 1975

Plakataktion im Buchhandel, 1976

Mitbürger!

Lesen macht dumm und gewalttätig

Der Beauftragte für den Gemeinschaftsfrieden

Deutsche Männer und Frauen haben aus Sorge um die Freiheitlich Demokratische Grundordnung ein Gesetz zum Schutz des Gemeinschaftsfriedens vorgelegt (Bundestagsdrucksache Nr. 7/3030, 2772, 2854), das dem Unfug kritischer Literatur endlich ein Ende bereitet. Bundesregierung, Bundesrat und Opposition sind sich in dieser Angelegenheit einig. Der CDU-Kollege Carstens hat für alle gesprochen, als er am 12. 12. 74 in Duisburg verkündete: »Ich fordere die ganze Bevölkerung auf, sich von der Terrortätigkeit zu distanzieren, insbesondere auch den Dichter Heinrich Böll, der noch vor wenigen Monaten unter dem Pseudonym Katharina Blüm ein Buch geschrieben hat, das eine Rechtfertigung von Gewalt darstellt«

hinweist, das proletarische Bewußtsein, sich in der faschistischen Massenbewegung auflöst.

Im Vergleich zu Heartfields Photomontagen wirken Staecks Plakate flach und kunstlos. Im Frühjahr 1972 reduzierte Staeck das Bildelement innerhalb der als Plakat bedruckten Fläche auf die Wiedergabe des graphischen Signets der schräg gestellten roten Buchstaben „CDU“ (als ein optisches Zitat), das er vor einem einfach weißen Hintergrund mit der in Schriftzügen dargestellten These umgab, nur unter der Voraussetzung sei die politische Partei „CDU“ zu wählen, daß die „Reichen“ reicher werden sollten. Er hatte dieses reduzierte Bildobjekt als ein Plakat in die Wahrnehmungswelt der politischen Parteienwerbung während des Wahlkampfes für die Landtagswahlen in Baden-Württemberg hineingestellt. Damit wurde auch die letzte Erinnerung an den auratischen Kunstvorgang aufgegeben, der 1971 durch den polemischen Zusammenhang mit der Dürer-Verehrung noch geblieben war. Seitdem stellt Staeck Bildobjekte her, die von der Tradition der Kunstpraxis gelöst sind, und die von politischen Gruppen in ihrer politischen Auseinandersetzung mit anderen Gruppen verwendet werden. Dabei ist Staeck nicht dem historischen Modell John Heartfields nachgegangen (die Analogie zu der Entwicklung Heartfields wurde erst später klar), sondern einer technologischen Konsequenz im Prozeß der Bildherstellung. Die reproduzierte Graphik ist

Radikalenerlaß Das Plakat ist 1975 entstanden. Der gemeinte Sachverhalt wird durch den Text, was er bedeutet durch das Bild der Schrifttype dargestellt, die den Sachverhalt als Rest aus der Zeit der Herrschaft des Faschismus zeigt. Das Blatt wendet sich dagegen, diesen Rest aufs neue zu beleben. Der unmittelbare Aktionszusammenhang war durch den Stand der parlamentarischen Beratung eines von der sozial-liberalen Bundesregierung vorgelegten Entwurfes für ein „Gesetz zur Änderung dienstrechtlicher Vorschriften“ bestimmt. Mit dem Gesetz soll die illegitime Verwendung einer Vereinbarung zwischen den Ministerpräsidenten der Länder und dem Bundeskanzler aus dem Jahre 1972 (Ministerpräsidentenbeschluß) unmöglich werden. In der Vereinbarung war das Ziel formuliert worden, Personen, die verfassungswidrige Ziele verfolgen, aus dem öffentlichen Dienst fernzuhalten. 1975 war aber offensichtlich, daß die CDU/CSU diese Vereinbarung dazu benutzt, Verfassungstreue politisch mit dem Nachweis konservativer Gesinnung gleichzusetzen, und daß die Art der daraus resultierenden Überprüfung nicht der Tradition des freiheitlich demokratischen Rechtsstaates entspricht (Radikalenerlaß). Einige Bürgerinitiativen haben das Plakat dazu benutzt, selbst in verschiedenen Städten kommerziell zugängliche Anschlagflächen anzumieten, so in Kassel, Köln und Ulm.

Offset Auflage: Plakat 97000, KONKRET-Poster 50000, Postkarte 43000, Aufkleber 16000, Juso Sonderheft 10000 1975

Plakataktion in Stuttgart, behördlich geändert, 1975

Bekanntmachung

Betr.: Radikalenerlaß

Die Bevölkerung wird noch einmal darauf hingewiesen, daß die ehem. Mitgliedschaft in NSDAP, SA, SD, SS und im NS-Rechtswahrerbund einer Beschäftigung im öffentlichen Dienst nicht entgegensteht.

Der Landesbeauftragte für das Gesinnungswesen.

von ihrer Entstehung her der Wahrnehmung durch viele Menschen zubestimmt; aber zwischen der technischen Voraussetzung für den Siebdruck und dem Photosatz gibt es keinen prinzipiellen Unterschied. Gegenüber den traditionellen graphischen Reproduktionstechniken, Holzschnitt, Kupferstich, Radierung, Lithographie, erhält dadurch die Reproduzierbarkeit eine neue Qualität. Waren die alten Techniken vom Material des Druckstockes her auf eine Begrenzung der Auflage eingerichtet, so würde in der neuen Technik die Druckauflage zu begrenzen lediglich bedeuten, die Druckmaschinen irgendwann willkürlich abzustellen. Andererseits läßt sich in dieser Technik alles, was sich innerhalb der kollektiven Bildwelt irgendwo abgebildet findet, erneut abbilden und mit anderen Abbildungen kombiniert als optisches Zitat verwenden. Den Möglichkeiten, die darin verborgen liegen, ist Staeck nachgegangen. Um dies zu tun, mußte er lediglich darauf verzichten, das Bildobjekt als Darstellungsmittel für die persönliche, künstlerische, individuelle Handschrift zu verwenden. Statt der Ausdruckskraft der Hand mußte er sich ganz der Darstellungsmöglichkeit überlassen, die in der Anwendung des technischen Druckvorganges liegen. Die Herstellung des Bildobjektes wird ausschließlich apparativ vorgenommen. Nach der Anfertigung einer rohen Skizze und nach einer genauen Diskussion des beabsichtigten Projektes mit Staecks Freund, Verleger und Drucker Gerhard Steidl, unterliegt die Montage selbst nicht mehr einem unmittelbar kontrollierenden Kontakt zwischen dem Auge und der Hand, sondern einer Reihe von Handgriffen zur Einrichtung der Maschine. Während Heartfield Ausschnitte

Rechts-Staat 1971 hatte man in dem Notizbuch eines katholischen Pfarrers, der beschuldigt worden war, jemanden aus dem Umkreis der Baader-Meinhof-Gruppe begünstigt zu haben, den Namen eines der SPD angehörigen Bremer Senatsdirektors gefunden. Der Pfarrer hatte sich den Namen drei Jahre zuvor im Zusammenhang mit einer Hilfsaktion für jüdische Emigranten notiert. Sieben Jahre nach dem Zeitpunkt der Eintragung und vier Jahre nach der polizeilichen Untersuchung des Notizbuches versuchte 1975 die Bremer CDU mit Hilfe eines parlamentarischen Untersuchungsausschusses den Ausgang der Bremer Bürgerschaftswahl dadurch zu beeinflussen, daß sie auf Grund dieser Notiz öffentlich die Beschuldigung erhob, in der Person des Senatsdirektors habe die SPD die Baader-Meinhof-Gruppe unterstützt. Die Bremer CDU benutzte dabei ein Telephongespräch mit dem Polizeipräsidenten, das ein ihr nahestehender Journalist illegal aufgezeichnet hatte. Staecks Postkarte ist aus diesem Anlaß, während des Wahlkampfes in Bremen, 1975 entstanden. Sie zeigt den Schattenriß eines Mannes mit Hut. Der Schattenriß war während der Zeit der Herrschaft des Faschismus in Deutschland als Erkennungszeichen für die amtliche Kampagne „Pst! Feind hört mit!" verwendet worden, um zu gegenseitigen Verdächtigungen zu ermuntern.

Offset Auflage: Postkarte 15000 1975

Originalplakat „Feind hört mit", 1943

Bitte streichen Sie
meinen Namen aus
Ihrem Notizbuch

aus verschiedenen Photomaterialien vor sich auf dem Zeichentisch zu einem neuen Blatt zusammensetzte, werden in dem neuen technischen Verfahren Filmmaterialien projiziert und Projektionen abgebildet. Die Technik ist eher der des Filmschnittes zu vergleichen als noch bei Heartfield dem Zeichnen mit der Hand. Die Bildobjekte wurden dabei von Staeck auf drei einfache Grundelemente reduziert: ein Hintergrund als Fläche, dessen Gesamteindruck sich von dem kommerzieller Werbeanschläge nicht unterscheidet (schwarz, weiß oder in einer plakativen Farbe, deren Ton nicht als künstlerisch gedeutet werden könnte), photographisches Bildmaterial, und als Schriftzug eingedruckter Text. Dabei erhält die Schrift in der Regel selber Bildcharakter. Das scheinbar reine Textplakat „Radikalenerlaß" ist ganz aus dem bildlichen Eindruck jener Schrifttypen hergeleitet, die im Rückblick als charakteristisch für die NS-Zeit wahrgenommen werden. Umgekehrt sind die Photomaterialien häufig auf einen nahezu reinen Schriftzeichencharakter reduziert. So werden die Abbildungen der Köpfe bekannter CDU/CSU-Politiker wie Stempel verwendet, deren Abdruck in beliebigen optischen Zusammenhängen vorgenommen werden kann. Technisch zwar perfekt, zielt der Gesamteindruck nicht darauf ab zu verbergen, daß es sich um einfache Text-Bild-Montagen handelt.

Radikale im öffentlichen Dienst Dr. Hans Filbinger, CDU-Ministerpräsident und Vorsitzender der CDU in Baden-Württemberg, war während der Zeit der Herrschaft des Faschismus in Deutschland als Marinestabsrichter tätig. Dem Ausgang der Landtagswahl 1972, der seiner Partei die absolute Mehrheit brachte, war der Beschluß der in Baden-Württemberg starken NPD vorausgegangen, sich an der Wahl nicht zu beteiligen, und die Wahlempfehlung, mit Rücksicht auf das Ziel der CDU, die Ostpolitik der Bundesregierung zu verhindern, CDU zu wählen. In einer Serie von Abstimmungskoalitionen der CDU mit der NPD kurz vor der Wahl gegen den Partner in der Regierungskoalition, die SPD, hatte die CDU den Winkelzug der NPD mit vorbereitet. Dr. Filbinger hat die Verwendung des Wortes „Dunstkreis" in die Sprache der politischen Auseinandersetzung eingeführt, um Heinrich Böll im Deutschen Bundestag am 13.3.1975 der „Sympathie" zur Baader-Meinhof-Gruppe zu bezichtigen (Sympathie heißt Seelenverwandtschaft). Der rechtsterminologisch einwandfreie und rechtstaatlich gebotene Wortgebrauch „Baader-Meinhof-Gruppe" statt „Baader-Meinhof-Bande" gilt ihm als Kennzeichen für den „Dunstkreis" einer „halbherzig und unentschieden betriebenen Abgrenzung der Gewalt". Der Porträthintergrund auf Staecks Plakat und Postkarte ist der Abbildung eines Gemäldes von Caspar David Friedrich entnommen.

Offset Aufl.: Plak. 83000, Postk. 12000, DAS DA-Poster 60000 1975

Caspar David Friedrich „Das Kreuz im Gebirge", 1807

Seit 33 pausenlos in Sorge um Deine innere Sicherheit.

Allunionschrist Filbinger (Marinestabsrichter a.D.)

Kapitel VIII

Die Sozialdemokratische Partei Deutschlands hat nach 1945 nicht nur darauf verzichtet, eine besondere proletarische Öffentlichkeit noch einmal aufzubauen, sondern sie hat wohlüberlegt und ausdrücklich entschlossen darauf hingearbeitet, daß sich die Elemente der proletarischen und die Elemente der bürgerlichen Tradition durchdringen. Eines der wichtigsten Instrumente, um proletarische Öffentlichkeit jeweils von neuem herzustellen, ist dabei aus der Organisationspraxis der Sozialdemokratischen Partei fast gänzlich weggefallen, das der Massendemonstration. Unmittelbar nach 1945 reagierte die Sozialdemokratie damit auf die faschistische Entwertung des Prinzips der Darstellung durch Massen, die der Faschismus in den Festaufzügen, Monsterveranstaltungen und Massenversammlungen vorgenommen hatte. Was geschichtlich als ein Instrument sich neu artikulierender sozialer Macht entwickelt worden war, hatte der Faschismus in Schaustellungen der Ohnmacht umgewandelt. Durch die Erfahrung dieser Umwandlung mußte eine tiefe Veränderung der proletarischen Tradition hervorgerufen werden. Denn die Demonstration war innerhalb der proletarischen Tradition als Akt des kollektiv sozialen Lernens ausgebildet worden. Dabei galt das Lernen

Plakataktion in Bonn und Heidelberg, 1972

Wir sind für die Ostverträge Unmittelbar nach Amtsantritt 1969 hatte die Regierung Brandt/Scheel versucht, zwischen den unterschiedlichen Systemen in Ost und West durch eine Reihe von Übereinkommen in Teilgebieten einen Zustand der internationalen Kooperation herbeizuführen (Ostpolitik). Eine Schlüsselrolle dafür nahmen nach dem Berlin-Abkommen, das am 3.9.1971 von den vier Siegermächten unterzeichnet worden war, der Moskauer Vertrag vom 12.8.1970 und der Warschauer Vertrag vom 7.12.1970 ein (Ostverträge). Die Ratifizierung der Verträge, Voraussetzung für das Inkrafttreten des Berlin-Abkommens, fand am 17.5.1972 statt. Die Vorbereitung der Entscheidung hatte zu einer Serie von Höhepunkten der politischen Auseinandersetzung in der Bundesrepublik geführt, in deren Rahmen auch der vergebliche Versuch vom 27.4.1972 fällt, die Regierung Brandt/Scheel zu stürzen. Bei der Entscheidung selbst hat sich die CDU/CSU-Bundestagsfraktion der Stimme enthalten. Staeck ließ das Plakat „Wir sind für die Ostverträge" im März/April in einer selbst finanzierten Plakataktion an den Litfaßsäulen Bonns und Heidelbergs aushängen. Das Plakat führt die bevorstehende Entscheidung über die Verträge optisch auf die historische Quelle des Problems zurück. Das in der unmittelbaren Nachkriegszeit sehr bekannte Photo, das Staeck auf dem Plakat verwendet, zeigt

Offset Auflage: Plakat 28500, Postkarte 11000 1972

Wir sind für die Ostverträge, Herr Barzel!

Interessengemeinschaft der Toten des II. Weltkrieges k.e.V.

jeweils nach zwei Seiten. Nach außen, gegenüber der sozialen Umwelt, zeigte die demonstrierende Menge auf Schildern, Transparenten, ihre Parolen, während sie zugleich nach innen und für sich selbst lernen mußte, sich auf die Aussagen zu einigen, die jeweils als die Parolen ausgestellt werden sollten. Die ausdrücklich in sich vereinigte Menge stellte unter den Parolen zwar immer sich mit aus, um dadurch die sie umgebende Welt mit sich und ihren abgebildeten Parolen zu durchdringen; aber sie stellte sich um etwas zu zeigen aus und um auf Sachverhalte hinzuweisen. Dadurch, daß sie die Parolen mit dem Bild von sich verband, unterbreitete sie der sie umgebenden Welt das Angebot, mit ihr so wie sie selbst das solidarische Verhalten einzuüben. Die Demonstration war eine Form sozialer Massenkommunikation. Für die Sozialdemokratische Partei bedeutete diese Form nie die zentrale oder gar die einzige, um die proletarische Öffentlichkeit der Gesamtgesellschaft zu unterbreiten; aber in deren faschistischer Entwertung hatte sich sehr scharf gezeigt, wie der Zusammensturz der bürgerlichen Herrschaft in den Faschismus die Gesamtgesellschaft ohne jede Ausnahme in sich begreift.

Tatsächlich war die Massendemonstration als Kommunikationsform zwischen Mengen schon von langer Hand her technisch überholt. Im Blick auf den Film war sich Benjamin darüber klargeworden, daß – in einer historischen Analogie zur Erfindung des

eine Szene aus dem Konzentrationslager Bergen-Belsen unmittelbar nach dem Tage der Befreiung 1945. Unbekannte Drucker haben von diesem Plakat besonders viele illegitime Nachdrucke, sogenannte „Raubdrucke" hergestellt und vertrieben.

Wie sich die Bilder gleichen Einem originalen NPD-Plakat aus dem Jahre 1972 wurde ein originales CDU-Plakat aus dem Jahre 1953 gegenübergestellt. Der kleinformatige Aufkleber und das Plakat wurden im baden-württembergischen Landtagswahlkampf im April des Jahres 1972 und in der Diskussion über die Ostverträge verwendet, mit der der Landtagswahlkampf verbunden war. Die damals noch starke NPD – bis 1972 hatte sie im Stuttgarter Landtag 14 Sitze – hatte auf die Teilnahme an der Landtagswahl verzichtet, um dadurch die CDU in ihrem Kampf gegen die Ratifikation des Moskauer und des Warschauer Vertrages zu unterstützen.

Offset Auflage: Plakat 2000, Aufkleber 19000 1972

Original NS-Plakat, Herbst 1932

NPD-Plakat 1972

CDU-Plakat 1953

Wie sich die Bilder gleichen

Buchdruckes – die technische Reproduzierbarkeit von Bildwerk mit der Periode einer neuen Art des Massenverhaltens einhergehen werde. Die durch die Technik veränderte Sinneswahrnehmung läßt keinen Gegenstand an sich heran, der nicht im Handlungszusammenhang des Wahrnehmenden verwendet werden kann. Um diese Wahrnehmungsform aufzubrechen, ist ein technisch-apparatives Vorgehen erforderlich, das die Demonstration nicht leisten kann. Benjamin war davon ausgegangen, daß die „tiefgreifenden Veränderungen der Apperzeption" (der Wahrnehmung) im Film ihr „eigentliches Übungsinstrument" gefunden hätten, weil der Film, durch den Schnitt aus der Herkunft von der Aufnahme gelöst, in Kopie und Vielzahl seiner Aufführungen an verschiedenen Orten in die kollektiven Bildwelten eindringt und deren Charakter mit seinen montierten Bildmaterialien durchleuchtet. Das rückständigste Verhalten der Bevölkerung zur Kunst, zum Beispiel Picasso gegenüber, schlage angesichts des Filmes, zum Beispiel bei Chaplin, in das fortschrittlichste um. Der Umschlag betrifft die Art des Wahrnehmens, nicht das politische Verhalten. In der Wahrnehmung der frühen Filme Chaplins setzt das – zumal proletarische – Publikum die deutlich erkennbare Schnittfolge des Stummfilmes selbständig zu dem den Bildern in ihrer Folge abgelesenen Sinn zusammen. Der Film provoziert damit keine Veränderung des politischen Verhaltens; aber er zeigt das fortgeschrittene Stadium in der Veränderung der Wahrnehmungsstruktur. Nämlich dasselbe nichtmeditative, nicht hinnehmende Verhalten, das mit den Bildern Picassos nichts anzufangen weiß, vermag in den montierten Bild-

Kalter Krieg Während der Vorbereitungsphase zu den Wahlen für das Berliner Abgeordnetenhaus 1974 war unter dem Namen „Bund Freies Deutschland" eine neue Partei gegründet worden. Bei der öffentlichen Kundgebung aus Anlaß der Gründung traten der Moderator des politischen Magazins im Zweiten Deutschen Fernsehen, Gerhard Löwenthal, der Zeitungsgroßverleger Axel Springer und der Vorsitzende der CSU, Franz Josef Strauß, gemeinsam als die Hauptredner des „Bundes Freies Deutschland" auf. Der Gründung lag das Konzept einer bundesweit organisierten „Vierten Partei" zugrunde. Vor dem Forum der Berliner Bevölkerung und auf dem Hintergrund des Sicherheitsbedürfnisses in der Stadt sollte die Kritik an der Entspannungspolitik der Bundesregierung zum Ausgangspunkt für eine von langer Hand her angelegte Bewegung gemacht werden, um die sozial-liberale Regierungskoalition in Bonn zu Fall zu bringen. Das Konzept ist allerdings gescheitert. Die Partei konnte keinen Sitz im Abgeordnetenhaus erringen.

Offset Aufl.: Plak. 8000, KONKRET-Poster 50000, Postk. 13000 1974

Poster für Magazin „DAS DA", Februar 1975

Der kalte Krieg macht
uns erst richtig heiß!
Bund Freies Deutschland

folgen zu lesen, und es empfindet dieses Lesen als einen Vorgang der Befreiung. Der Film werde deshalb zu der Schule, um das Lesen in den kollektiven Bildwelten zu lernen.

Als Benjamin seine Überlegungen niederschrieb (1936), war allerdings schon offenbar geworden, daß der Film die Aufgabe, die Art dieses Lesens kollektiv zu üben, in seinen Anfängen vielleicht ergriffen haben mochte, sich ihr aber, den Filmkapitalien und dem Gebrauch durch die faschistischen Herrschaftsmechanismen zugeführt, in der gesellschaftlichen Realität versagte. Statt die gesellschaftliche Geistesgegenwart zu üben, wiederholte sich in ihm die Ausstellung des Bildes, nun des Bildes großer Massen. Gleichwohl war durch den Film die Struktur des kollektiven Lesevorganges aufgedeckt, nämlich in dem „Wechsel der Schauplätze und Einstellungen", die „stoßweise auf den Besucher eindringen". Der Assoziationsablauf dessen, der die Filmbilder betrachtet, wird durch deren Veränderungen unterbrochen. Der Betrachter muß deshalb, um der stoßweisen Unterbrechung zu begegnen, das Verhalten wiederholen, das bei der Herstellung des Filmes angewendet wird. Er muß ein „Gewebe der Gegebenheit" auseinandernehmen und als vielfältig zerstückelt nach einem neuen Gesetz, über das er selbst entscheidet, neu zusammenbringen. Wenn auch den Massen der Film als ein Instrument, um diese Fähigkeit zu üben, entwunden wurde, so war doch offenbar

Wer bezahlt eigentlich die CDU Das Bildobjekt wurde kurz vor der Bundestagswahl 1972, am 16.11., in der Zeitschrift „KONKRET" gedruckt. Verwendet ist ein damals bekanntes Urlaubsphoto Rainer Barzels, das den Kanzlerkandidaten der CDU/CSU während eines Urlaubsaufenthaltes im faschistisch beherrschten Portugal zeigt. Im November 1972 wurde eine vertrauliche Liste der Namen von rund 5000 Unternehmern und Spitzenmanagern in Großunternehmen bekannt, die über den CDU-Wirtschaftsrat die Politik der CDU/CSU beeinflussen. Die Liste reichte von Theodor Althoff, Vorstandsmitglied der Karstadt KG, und Werner Bahlsen, Mitinhaber der Firma H. Bahlsens Keksfabrik, über den Vorsitzenden des Aufsichtsrates der Esso-AG Emil Kratzmüller und den stellvertretenden Aufsichtsratsvorsitzenden der Allianz-Lebensversicherungs AG Gerd Müller, bis zu dem Hoesch-Generaldirektor Friedrich Harders, dem Vorsitzenden des Vorstandes der Bayer AG, Professor Kurt Hansen, und Egon Overbeck (Vorsitzender des Vorstandes der Mannesmann AG), Walter Stepp (Mitglied der Geschäftsführung der Stahlwerke Röchling-Burbach GmbH) und Hans-Günther Sohl (Vorsitzender des Vorstandes der August-Thyssen-Hütten AG).

Tiefdruck Auflage: KONKRET-Poster 50000 1972

Zeitungsanzeige einer CDU-Hilfsorganisation, 1972

START FREI ZUM GROSSEN GEWINNSPIEL
1. Preis: Eine Woche Urlaub mit Rainer Barzel
2. Preis: Zwei Wochen Urlaub mit Rainer Barzel
und viele bunte Trostpreise gestiftet von
Bauer Verlag, Burda Verlag, Daimler-Benz, Eckes, Flick, Melitta,
Otto-Versand, Quelle-Versand, Rodenstock, Wienerwald
Glück auf denn bei der Lösung des Preisrätsels!
Wer bezahlt eigentlich die CDU
Träume sind keine Schäume mehr.
Denn die CDU fliegt die glücklichen Pärchen
zu Rainer Barzel ins Ferienparadies.
Achtung! Teilnahmekarte kann Ihr Doppel-Ticket sein!
Die CDU wird bezahlt von ____________
(Bitte nur eine Antwort eintragen)
Zusatzfrage: Nach der Landung werden Sie herzlich begrüßt von F. J. S . . . . ß.
Glücksfeld ausfüllen, Zusatzfrage beantworten und im Briefumschlag senden an Klaus Staeck, 69 Heidelberg, Postfach 471.
Name ____________ Ort ____________ Straße ____________
Wir möchten Sie schon heute um Verständnis bitten, wenn angesichts der finanziellen Notlage der Union die Preisausschüttung nicht stattfinden kann. Der Rechtsweg ist wegen schlechter Erfahrungen in jedem Falle ausgeschlossen.

geworden, daß einzig solche Vorgänge zum Gegenstand einer gleichzeitigen Kollektivrezeption zu werden vermögen, die imstande sind, diese Tätigkeit hervorzurufen.

Die in den Massenmedien (Film, Rundfunk und Presse – heute das zusätzliche Fernsehen) alltäglich werdenden Montagen (mit der „wahllosen Assimilation von Fakten geht also Hand in Hand die gleiche wahllose Assimilation von Lesern") sind als die gesamtgesellschaftlich zentrale Schulung dafür anzusehen, nicht irgendeines, sondern jedes „Gewebe der Gegebenheit" vielfältig zu zerreißen und neu zusammenzusetzen. Die technisch apparativen Abbildungen beliebiger Elemente aus einer sozialen Erfahrungswelt sind immer schon montiert. In ihnen schulen sich deshalb Fähigkeit und Technik einer planmäßigen Entstellung. Es ist das kollektive Interesse an dem Wahrnehmungsverhalten der Entstellung, deretwegen die Massen die reproduktiv-technischen Medien in sich hineinziehen, weil die Entstellung ihrerseits den Menschen die Möglichkeit verschafft, im Medium ihrer produktiven Wahrnehmungstechnik die Bilder der sozialen Bildwelten zu lesen. Dem Umstand, daß die natürlichen Bedingungen der menschlichen Existenz durch die technischen Bedingungen der industriellen Produktionsweise Veränderungen unterworfen werden, korrespondiert, daß der Anschauungsspielraum selbst „mit der Zeit und gemäß den Wendungen seiner geistigen Lenkung veränderlich ist", wobei aber für diese Lenkung „keinesfalls so etwas wie

NUR KEINE ANGST – ER IST VEGETARIER

Entmannt alle Wüstlinge Das Plakat wurde im Bundestagswahlkampf 1972 in einer Auflage von rund 12000 Exemplaren verbreitet. Staecks Darstellung spielt auf eine berühmte Photomontage Heartfields aus dem Jahre 1936 an, in der Heartfield Hitlers Überfall auf Frankreich ankündigt. In einem Gespräch mit Petra Kipphoff (in: „Die Zeit", Nr. 5, 24. 1. 1975) hat Staeck erklärt, es sei falsch, den Vorsitzenden der CSU einfach als faschistisch zu bezeichnen; aber vorzuwerfen sei ihm, daß er ein kollektiv-masochistisches Bedürfnis nach Inhumanität innerhalb der Gesellschaft voraussetzt und versucht zur Grundlage seines öffentlichen Vorgehens zu machen. Als es in den sechziger Jahren eine Serie von Morden an Kindern gab, erschien dazu ein Interview mit dem damaligen Präsidenten des Kinderschutzbundes in einer Boulevardzeitung unter der Balkenüberschrift „Entmannt alle Wüstlinge". Die Überschrift appelliert an das Bedürfnis, sadistisches Verhalten politisch freizusetzen und zugleich an die Angst vor der Begegnung mit sadistischem Verhalten. Staeck möchte diesen Sachverhalt auf unser Bild von Franz Josef Strauß übertragen wissen. Das Protokoll der berühmten „Sonthofener Rede" vom 18./19. 11. 1974 hat vielen deutlich gemacht, daß dieser Ansatz richtig ist. Strauß geht dort von dem „Zorn" aus, der sich „in unserem Volk" angesammelt habe (nach verschiedenen kriminellen Akten aus dem Umkreis der Baader-Meinhof-Gruppe); ange-

Offset Auflage: Plakat 12000, Postkarte 48000 1972

Originalplakat von John Heartfield, 1936

Entmannt alle
Wüstlinge
Wählt
christlich

stets gleichartig vorhandene Dinge anzunehmen sind". Indem die apparative Technik den Anschauungsspielraum selbst erreicht und mit der technisch hergestellten Bildproduktion durchsetzt, wird der „apparatfreie Aspekt der Realität ... zu ihrem künstlichsten ... und der Anblick der unmittelbaren Wirklichkeit zur blauen Blume im Lande der Technik". Jede nicht im technischen Reproduktionsmedium und dessen Montagetechnik gesehene Wirklichkeit (und wäre es selbst eine riesige Demonstration von Massen) befindet sich ähnlich einer privaten Erinnerung an eine ferne Zeit außerhalb des gesellschaftlichen Wahrnehmungsbereiches.

sichts des „Zorns" sei es nicht ratsam, von „demokratischer Gemeinsamkeit" zu reden (das sei „blödes Zeug"), sondern man müsse sagen, „die SPD und FDP überlassen diesen Staat kriminellen und politischen Gangstern". Daraus leitet er die Aufgabe ab, den Eindruck zu verkörpern („selbst wenn wir es nicht ganz halten können"): „Und wenn wir hinkommen und räumen so auf, daß bis zum Rest dieses Jahrhunderts von diesen Banditen keiner mehr es wagt, in Deutschland das Maul aufzumachen." Die verbale Befriedigung eines sadistischen Bedürfnisses (zu schlagen, zu quälen, zu zerstören, auszurotten, zu zertreten) wird zur Grundlage der Selbstdarstellung gemacht. Ihr liegt die Annahme zugrunde, daß die Artikulation des Bedürfnisses nach Menschlichkeit Träumerei und die Voraussetzung der Bereitschaft zu unmenschlichen Verhalten realistisch sei. Diese Annahme ist tief mit der Struktur des politischen Wirkens von Franz Josef Strauß verbunden. Während des Bundestagswahlkampfes 1969 erklärte er in Bamberg, nachdem dort Hippies Ärgernis erregt hatten: „Diese Personen benehmen sich wie Tiere, auf die die Anwendung der für Menschen gemachten Gesetze nicht möglich ist"; sein damaliger persönlicher Referent Marcel Hepp ergänzte am Tag vor der Wahl: „Wenn die CSU ihre Stimmen hält, ist das nur auf das Tierzitat zurückzuführen."

Juso beißt wehrloses Kind Für den Bundestagswahlkampf 1972 hergestellt, konnte das Plakat nicht unverändert vertrieben werden. Die „Frankfurter Allgemeine Zeitung" hatte die Verwendung ihres warenzeichenrechtlich geschützten Werbeslogans „Dahinter steckt immer ein kluger Kopf" beanstandet. Daraufhin wurde der Slogan weggelassen. (Die Abbildung dokumentiert die unveränderte Fassung.) Im Februar 1976 hat sich der Axel Springer Verlag gegen die Verwendung des Signets der „Bild-Zeitung" verwahrt. Das ursprünglich großformatige Plakat (DIN A 0) wurde auf DIN A 1 verkleinert, weil das Überformat (lebensgroß) für den Anschlag an den genormten Anschlagflächen nicht verwendet werden konnte.

Offset Auflage: Plakat 28000, Postkarte 20000, JUSO-Zeitung 200000 1972

Dahinter steckt immer ein kluger Kopf

Kapitel IX

Walter Benjamin beschreibt das Dilemma, in dem sich der Künstler als Produzent inmitten einer industriell produzierenden Gesellschaft befindet. Das Kunstgebilde, das nicht in einem technisch-reproduktiven Abbildungsverfahren hergestellt wird, also zum Beispiel ein Gemälde, fällt aus dem gesellschaftlich bestimmten Wahrnehmungsbereich deshalb heraus, weil die für dessen Wahrnehmung erforderliche Wahrnehmungsstruktur der Ruhe aufgelöst ist. Ein Bildobjekt, das in das neue Wahrnehmungsverhalten eingeht, ist kein Bildobjekt im traditionellen Sinne. Während das traditionelle Bildwerk auf die Herstellung einer Sammlung des Betrachters abzielt – der „vor dem Kunstwerk sich Sammelnde versenkt sich darein; er geht in dieses Werk ein, wie die Legende es von einem chinesischen Maler beim Anblick seines vollendeten Bildes erzählt“ –, kommt es dem in das durch technische Apparate vermittelte Sehen einer Gesellschaft eingebaute Kunstwerk darauf an, den Wahrnehmungsvorgang zu zerstreuen, um das Geschehen einer selbsttätig montierenden Auffassung des Gesehenen hervorzurufen. Das Dilemma ist vollständig, wenn und insofern die technisch-industrielle Produktion die gesellschaftlichen Lebensbedingungen einschließlich der kol-

Die Reichen müssen noch reicher werden In einer Auflagenhöhe von 800 wurde das Plakat während des Landtagswahlkampfes in Baden-Württemberg kurz vor dem Wahltermin hergestellt; ca. 400 Stück wurden verkauft. Einige der Käufer haben das Plakat auf CDU-Großflächenplakaten angebracht, was zu einer juristischen Auseinandersetzung führte. Der Rechtsstreit (Gesamtkosten: etwa DM 5000) reduzierte sich schließlich auf die Frage des Namensrechtes bei dem Text/Bildteil „Deshalb CDU“. Nach einer Entscheidung in letzter Instanz wurde für die Bundestagswahl im Herbst 1972 dieses Plakatelement durch die reine Textzeile „Wählt christdemokratisch“ ersetzt. Dem Plakat liegt der Sachverhalt zugrunde, daß nach 20 Jahren CDU/CSU-Wirtschafts- und Gesellschaftspolitik bis zum Jahre 1969 1,7 % aller Haushalte über 70 % der Produktionsmittel besitzen. Rund 5000 Familien gehört ein Sechstel aller Privatvermögen und etwa 40 % aller Produktionsmittel. 1968 versteuerten 37 Personen ein Einkommen von mehr als 10 Millionen Mark pro Jahr. Die Wirkung des Plakates ist ausführlich dokumentiert in Staeck/Karst, „Die Reichen müssen noch reicher werden“, Rowohlt (dnb 40) 1973, S. 161–230. Dort sind auch die verschiedenen Gerichtsurteile wiedergegeben.

Offset Aufl.: Plak. 30000, Postk. 44000, Aufkleber 60000 1972

Variante „Die Mieten“, abgeänderte Fassung, Auflage 110000, 1972

Die Reichen
müssen noch
reicher
werden

Wählt
christdemokratisch

lektiv geübten Wahrnehmungstechnik vollständig umschließt. In diesem Sinne bezieht sich Benjamin auf eine Äußerung von Bertolt Brecht, in der die Konsequenzen der Erfahrung wiedergegeben sind, daß über einen Rechtsstreit bei der Umsetzung der Dreigroschenoper in das Medium Film das künstlerische Darstellungsinteresse des Autors zugunsten der für die Produktion verwendeten Kapitalien aus dem Produktionsvorgang verdrängt worden war: „Ist der Begriff Kunstwerk nicht mehr zu halten für das Ding, das entsteht, wenn ein Kunstwerk zur Ware verwandelt ist, dann müssen wir vorsichtig und behutsam, aber unerschrocken diesen Begriff weglassen, wenn wir nicht die Funktion dieses Dinges selber mit liquidieren wollen, denn durch diese Phase muß es hindurch, und zwar ohne Hintersinn, es ist kein unverbindlicher Abstecher vom rechten Wege, sondern was hier mit ihm geschieht, das wird es von Grund auf ändern, seine Vergangenheit auslöschen, so sehr, daß, wenn der alte Begriff wieder aufgenommen werden würde – und er wird es werden, warum nicht? – keine Erinnerung mehr an das Ding durch ihn ausgelöst werden wird, das er einst bezeichnete." Walter Benjamin bemerkt dazu: „So wird heute das Kunstwerk durch das absolute Gewicht, das auf seinem Ausstellungswert liegt, zu einem Gebilde mit ganz neuen Funktionen, von denen die uns bewußte, die künstlerische, als diejenige sich abhebt, die man später als eine beiläufige erkennen mag." Die Äußerungen sind vielfach mißverstanden worden; aber in ihnen wird lediglich versucht, das Ausmaß jener Veränderungen zu ermessen, die durch die geschichtliche Ausbildung der technisch-industriellen Produktion dem

Deutsche Arbeiter! Das Plakat entstand als Beitrag Staecks für den Bundestagswahlkampf 1972. Durch eine Repräsentativ-Umfrage nach der Wahl wurde festgestellt, daß 9,1% der Erwachsenen in der Bundesrepublik das Plakat gesehen hatten. Die Umfrage-Ergebnisse, die auch Fragen nach dem Plakat „Die Reichen müssen noch reicher werden" umfassen, sind in Staeck/Karst, „Die Reichen müssen noch reicher werden", S. 263–273 wiedergegeben. Auf die Frage: „Während des Wahlkampfes griffen Sie die CDU/CSU mit agitatorischen Mitteln an – Warum taten Sie dies nicht mit sachlichen Argumenten?" hat Staeck geantwortet: „Für mich hat sich die satirisch-ironische Methode, Plakate zu machen, als die erfolgreichste erwiesen. Allen meinen Plakaten liegen sachliche Argumente zugrunde. Ich verpacke sie nur anders, damit sie wahrgenommen werden, man nicht daran vorbeikommt. Gleichzeitig entlarve ich Gegenpropaganda, drehe sie quasi um. Der Erfolg vieler Plakate beruht oft auf einem bewußt einkalkulierten Irritationseffekt über den Urheber des Plakates. Ironie ist übrigens nicht einsetzbar, wenn der ihnen zugrunde liegende Tatbestand nicht wahr ist." Die Wahrheit ist in diesem Fall die Unwahrhaftigkeit einer politischen Agitation der CDU/CSU, die den Besitz des Eigenheimes als bedroht darstellt, wenn die SPD darangeht, die Gewinnmöglichkeiten aus der Bodenspekulation einzuschränken.

Offset Aufl.: Plak. 70000, Postk. 90000, Aufkleber 95000 1972

Straßenstand Berlin-Spandau, 1974

Deutsche Arbeiter!
Die SPD will euch eure Villen
im Tessin wegnehmen

menschlichen Gesamtverhalten abgefordert werden. Benjamins Folgerungen sind deshalb besonders weitreichend, weil sie den empfindlichsten Aspekt des menschlichen Verhaltens, die Sinneswahrnehmung selbst betreffen.

Wenn sich die Sinneswahrnehmung kollektiv verändert – und nicht nur in dem einfachen Sinn, daß sich zwischen unsere Augen und die „Wirklichkeit" das Medium einer apparativ übersetzenden Vermittlung schiebt, sondern in dem, daß die Menschen mit in ihren Wahrnehmungsmechanismen veränderten Augen in den apparativen Medien der Vermittlung lesen –, ergibt sich gleichgeordnet zu anderen Primärfunktionen im gesellschaftlich industriellen Produktionsprozeß die Aufgabe, eine Art spezieller Technologie der menschlichen Sinneswahrnehmung zu entwickeln, soll die Gesamtgesellschaft nicht erblinden. Deshalb braucht man sich darüber nicht zu verwundern, daß Benjamin den Künstler als einen „Ingenieur" bezeichnet. Er ist der Ingenieur der Sinneswahrnehmung, der mit den von ihm hergestellten Kunstgebilden als mit seinen technischen Instrumenten das kollektiv geübte Wahrnehmungsverhalten aufdeckt, dessen Elemente reinigt und deren Zusammenspiel im Einzelfall erforscht. Dazu sind allerdings die traditionellen Kunstformen nicht geeignet, weshalb der Künstler-Ingenieur bei seiner Arbeit von der Erkenntnis auszugehen hat, daß er am traditionellen Formenreichtum der Kunst gemessen arm ist und arm zu sein hat, um seine neue

Wir sind nur Gast auf Erden Die Arbeiten „Wir sind für die Ostverträge", „Wie sich die Bilder gleichen", „Entmannt alle Wüstlinge", „Juso beißt wehrloses Kind", „Die Reichen müssen noch reicher werden", „Deutsche Arbeiter" sind nicht nur innerhalb der Wahlkämpfe des Jahres 1972 entstanden, sondern in diesen Arbeiten hat sich Staeck den politischen Wahrnehmungsbereich des Wahlkampfes als ein Tätigkeitsgebiet für die Plakatkunst erst erschlossen. Keines der Plakate wurde im Auftrag der SPD hergestellt. Auf eigene Rechnung gedruckt und angeschlagen, entwickelten die Arbeiten, nachdem sie und ihre Wirkung erst einmal gesehen worden waren, eine eigene Nachfrage bei Gruppen außerhalb und innerhalb der sozialdemokratischen Parteiorganisation, die zusätzlich zur offiziellen Wahlkampfwerbung noch einen eigenen Beitrag leisten wollten. Im Jahre 1972 ist in der Bundesrepublik darüber entschieden worden, ob die Übernahme der Regierungsverantwortung durch die Sozialdemokratie gemeinsam mit der FDP nur jene kurze, quasi illegal zustande gekommene Episode sein würde, als die sie von der CDU/CSU sofort nach der Koalitionsabsprache 1969 dargestellt worden war. Die CDU/CSU hatte behauptet, sie als die stärkste Parlamentsfraktion müsse den Bundeskanzler stellen, und das sozial-liberale Regierungsbündnis beruhe auf einer „Machterschleichung". Die Wähler haben diese Auffassung 1972 nicht bestätigt. Die SPD errang den größten Wahlsieg ihrer Geschichte. Die Postkarte „Wir sind nur Gast auf Erden" ist nur verständlich in dem besonders spannungsreichen Klima zwischen der Last und der Befreiung in den Wahlkampfkommissionen und Gruppen von Wahlhelfern während der letzten Tage unmittelbar vor dem Wahltag 1972. Alle Entscheidungen sind getroffen, nur das Ergebnis ist noch nicht bekannt. Nach den monatelangen Anstrengungen entsteht in den letzten Tagen ein Gefühl der Erschöpfung und des Wartens, in dem sich jeder mit Prognosen noch zurückhält, obwohl er das Ergebnis des Wahlausganges ahnt. Staecks Graphik ist Gedenkblatt dieser Stunden. Noch einmal erscheint das zum Überdruß gesehene, auf riesigen Plakatflächen wiedergegebene Bild des Gegners, des Kanzlerkandidaten der CDU/CSU, Rainer Barzel, inmitten seiner „Führungsmannschaft", Franz Josef Strauß, Gerhard Schröder und Hans Katzer. Dargestellt wird es auf dem Weg in die Versenkung.

Offset Auflage: Postkarte 35000 1972

Wir ſind nur Gaſt auf Erden
und wandern ohne Ruh
mit mancherlei Beſchwerden
der ew'gen Heimat zu

Aufgabe zu begreifen. – Walter Benjamin teilt dabei den Irrtum seiner Generationserfahrung, aus der Theorie der materiellen Produktion, die im Zuge der Ausbildung des Marxismus entwickelt worden war, zu schließen, für die Tätigkeit des neuen Künstlers seien die politischen Verhältnisse in der Sowjetunion günstig, nachdem dort die private, am Markt orientierte Verwendung der industriellen Produktionstechnik beseitigt worden war. Die Darstellung seiner Überlegung erhält dadurch den Anstrich einer zusätzlichen Radikalität, die den fatalen Nebeneffekt hervorruft, als sei die Idee des „operierenden" Künstlers ein Spezialproblem im proletarischen Revolutionsgeschehen und außerhalb dieser Form des Klassenkampfes unerheblich. „Der Sowjetstaat wird zwar nicht, wie der platonische, den Dichter ausweisen, er wird aber ... diesem Aufgaben zuweisen, die es ihm nicht erlauben, den längst verfälschten Reichtum der schöpferischen Persönlichkeit in neuen Meisterwerken zur Schau zu stellen." Eben darauf war die offizielle Kunstpolitik in der Sowjetunion aber hinausgelaufen, wobei sie sich noch auf die „schöpferische Klasse" selbst berufen konnte, um durchzusetzen, daß die Idee des „Schöpferischen" anhand von monumentalen Abbildungen Stalins zur Schau gestellt werden mußte. Indessen spiegelte sich darin auch, daß die industrielle Produktion innerhalb der weithin agrarisch orientierten Bevölkerung längst nicht den gesamtgesellschaftlichen Rang erhalten hatte, den Benjamin als das bis in die Wahrnehmungstechnik hin geschlossene System aufgrund der industriell entwickelten Gesellschaften Westeuropas für seine Überlegungen als gegeben angenommen hatte. Die

Köppler erwartet Währungsreform

NRZ-Nachrichtendienst

Düsseldorf. Gewinnt die SPD/FDP-Regierungskoalition die Bundestagswahl, schließt der stellvertretende CDU-Bundesvorsitzende Heinrich Köppler für absehbare Zeit eine finanzpolitische „Katastrophe" und sogar einen „Währungsschnitt" — eine erneute Währungsreform — in der Bundesrepublik nicht mehr aus.

Neue Rhein-Zeitung, 23. 1. 1976

King Kong Das Plakat stammt aus dem Jahre 1974. Es verwendet ein Szenenphoto aus dem amerikanischen Horrorfilm „King Kong und die Weiße Frau" aus dem Jahre 1932. Das Wort „Teufelsaustreiber" war 1974 aus dem neuen amerikanischen Gruselfilm „Der Exorzist" bekannt. Um die Jahreswende 1973/74 hatte die weltweit geführte Diskussion über die Grenzen des wirtschaftlichen Wachstums durch die drastische Rohstoffverknappung eine praktische Zuspitzung erfahren, die politisch nicht mehr umgangen werden konnte. Der zweite Bericht aus dem „Club of Rom" von Mesarović/Prestel erschien deutsch 1974 unter dem theatralischen, gleichwohl plötzlich vielen unmittelbar einleuchtenden Titel „Menschheit am Wendepunkt". Erhard Epplers Abhandlung unter dem Titel „Ende oder Wende" (veröffentlicht im Jahre 1975) knüpft an der Erfahrung dieses Augenblickes an. Die ökonomischen Grundlagen für das politische Selbstverständnis in den Industrieländern des Westens zeigten sich erschüttert; zumal international erst neue Instrumente entwickelt werden mußten, um dem Preisauftrieb, den Kostenexplosionen, dem Anwachsen der Arbeitslosenquoten durch überlegtes Handeln zu begegnen. Während die Sozialdemokratische Partei nach dem Wahlausgang im November 1972 geglaubt haben mochte, nun durch den Wählerauftrag neu bestärkt die Reformpolitik der Jahre 1969/70/71 fortführen zu können, zeigte sich sehr bald, daß sich die

Offset Aufl.: Plakat 10000, JUSO Magazin-Poster 10000, Postk. 20000 1974

Die CDU hat die besten
Teufelsaustreiber
Keiner versteht das Geschäft mit der Angst besser

Annahme der technisch industriell vollendeten Entwicklung der Gesellschaft gibt aber erst den Rahmen ab, um Benjamins kritische Frage an die operierende Kunsttechnik zu verstehen: nicht, wie steht irgend eine Kunst zu den Produktionsverhältnissen, sondern: „Wie steht sie in ihnen?" Die kritische Entscheidung liegt nicht in der Frage, ob die künstlerische Technik die Produktionsverhältnisse kennen lehrt und deren Kenntnis populär darzulegen versteht; sondern die kritische Entscheidung liegt alleine in der Frage, ob das künstlerische Vorgehen innerhalb der industriellen Produktionstechnik selber sich wahrnehmend zu verhalten lehrt.

Heute führt Walter Benjamins Frage an den in der gesellschaftlichen Wahrnehmungswelt wie ein Chirurg operierenden Künstler zu der vergessenen Avantgarde zurück, die, noch vor dem Ersten Weltkrieg aus der gesamteuropäischen avantgardistischen Kunstpraxis entstanden, in der unmittelbaren Aufbauphase der Sowjetunion während weniger Jahre tätig war, zu der Avantgarde des Konstruktivismus: „Kameraden der graphischen Künste, habt Ihr vergessen, was eine Maschine überhaupt ist!" Die graphischen Arbeiten dieser Künstler betrafen alle Medien, die mit einer Massenrezeption zu tun hatten: Bücher, illustrierte Flugblätter, Plakate, Anzeigen, didaktische Kinderbücher, Buchumschläge und gewöhnliche Broschüren, Etiketten, Einwickelpapier für Süßigkeiten, Aufkleber für Streichholzschachteln. Ähnlich wie heute aus der Dessauer

alle Angaben in %
Hamburg, 3. 3. 1974 CDU +7,8 / SPD –10,4 / FDP +3,8
Niedersachsen, 9. 6. 1974 CDU +3,2 / SPD –3,3 / FDP +2,7
Hessen, 27. 10. 1974 CDU +7,6 / SPD –2,7 / FDP –2,7
Bayern, 27. 10. 1974 CSU +5,7 / SPD –3,1 / FDP –0,4
Berlin, 2. 3. 1975 CDU +5,7 / SPD –7,7 / FDP –1,2
Rheinland-Pfalz, 9. 3. 1975 CDU +3,9 / SPD –2,0 / FDP –0,3
Schleswig-Holstein, 13. 4. 1975 CDU –1,5 / SPD –0,9 / FDP +3,3

Lücke für die kollektive Aufblähung der Angst erneut geöffnet hatte. Der Rücktritt des Bundeskanzlers Willy Brandt erfolgte im Mai des Jahres 1974.

Nostalgie Das Wort „Nostalgie" ist lediglich das Fremdwort für „Heimweh"; es bezeichnet die schwermütige Sehnsucht nach der Rückkehr in die verlorene Heimat. Der ehemalige CDU-Bundeskanzler Ludwig Erhard erscheint als Sinnbild für die Erinnerung an den Traum vom ewigen ungehemmten Wirtschaftswachstum, die Konfrontationsfigur zu Willy Brandt, Rainer Barzel, rückt in den Hintergrund, die Geborgenheit des nationalen Zusammenrückens erscheint in der Figur des CDU-Kanzlers der Großen Koalition von CDU und SPD, Kurt Georg Kiesinger, während Franz Josef Strauß rechts außen hämisch lachend dargestellt wird. Staeck wählt die Form eines Gedenkblattes, dem er den Charakter eines ironischen Mahnmals gibt. Wer die Bilder des Vergangenen heraufruft, trifft nicht auf die CDU, sondern auf die geschichtliche Erfahrung des Faschismus. Plakat und Postkarte wurden für den Auftakt der neuen Serie von Landtagswahlen, im Frühjahr 1974 in Niedersachsen, hergestellt. Ohne Bild wurde der Text auch als Autoaufkleber gedruckt und in sehr großer Zahl vertrieben.

Offset Auflage: Plakat 109000, Postk. 30000, Aufkl. 48000 1974

Landtagswahlergebnisse 1974/75

Nostalgie ist noch lange kein Grund CDU zu wählen

Bauhaustradition bekannt und zum Teil mit dieser Tradition verbunden, richtete sich ihr kunstpolitisches Programm gegen die traditionelle Unterscheidung zwischen den „schönen“ und den „angewandten“ Künsten. Ihr Ziel war, eine neue graphische Kunst zu schaffen, in der jedes Element aus den drucktechnischen Reproduktionsvorgängen hergeleitet war. Diese graphische Kunst sollte die Alltagswelt durchdringen. Auf dem Höhepunkt, mitte der zwanziger Jahre, waren die Künstler mit allen europäischen Zentren avantgardistischer Kunst verbunden. Mit dem Bauhaus und mit der de Stijl-Bewegung wurden theoretische Konzepte zur industrialisierten Massenkunst und Experimente ausgetauscht. El Lissitzkys Manifest forderte die „Gestaltung des Buchraumes durch das Material der Klischees, die die neue Optik realisieren“. Lissitzky meint eine „Optik“, deren visuelle Vorgänge ganz aus dem technischen Material entwickelt werden. Was ihr auf der Seite der Wirklichkeit entsprechen sollte, nannte er die „supranaturalistische Realität des vervollkommneten Auges“. Es ist wichtig, sich zu vergegenwärtigen, daß in den wenigen Jahren, in denen die Gruppe arbeiten konnte, theoretisch alle jene Elemente vorweggenommen worden sind, die heute in der Konsumwerbung selbstverständlich verwendet werden. Sie wurden durch experimentelle Analysen der technischen Druckmaterialien hergeleitet. Das Ziel der Experimente lag in der Konstruktion von Wahrnehmungsbedingungen innerhalb gedruckter Materialien für ein Auge, das auf die gleichzeitige Aufnahme visueller Eindrücke von allen Seiten her trainiert war. Die Konstruktion galt dem Wahrnehmungsverhalten für die beson-

Lieber sozial als unchristlich Das Mittel, Autoaufkleber herzustellen, hatte sich Staeck zuerst im Wahlkampf 1972 erschlossen. Die Aufkleber werden auf einer relativ billigen, veredelten Papierfolie gedruckt und nach dem Abziehen einer Schutzfolie auf das Fahrzeug geklebt. Durch den niedrigen Preis und die geringe Größe der benötigten Aufklebefläche (im Gegensatz zu dem Plakat) können sehr schnell sehr hohe Auflagen entstehen. Allerdings ist die Druckfläche so klein, daß in der Regel nur die Darstellungsform der Schrift bleibt und die Kunst ganz in die Erfindung des Wortwitzes gelegt wird. Die Formel „lieber sozial als unchristlich“ ruft einen leichten Schmerz hervor, solange der Betrachter sich den Witz des Wortes nicht selbst aufgelöst hat. Die Auflösung erschließt sich ihm aber nur, wenn er dahinterkommt, Akte der dialektischen Denkform zu vollziehen, in denen sich das im Gegensatz Gesagte umkehrt: christlich ist unsozial. Was hier durch das Bild der Schrift dem Auge mitgeteilt wird, ist nicht das Schlagwort, sondern eine Art zu denken, eine Methode. Der Aufkleber wurde im Zusammenhang mit dem Wahlkampf für die Kommunalwahlen 1974 in Baden-Württemberg hergestellt.

Offset Auflage: Rückwärtsgang 58 000, Nostalgie 48 000, Lieber sozial 65 000 1975

Aufkleber, Auflage 30 000, 1972

Lieber sozial als
unchristlich
SPD
Bei der CDU funktioniert
nur der Rückwärtsgang
ist noch lange kein
CDU zu wählen

deren Bedingungen industriell voll entwickelter Gesellschaften. Freilich wurden diese Konstruktionen in einer gesellschaftlichen Umwelt vorgenommen, die nach der Theorie des industriellen Proletariates als „Schöpferische Klasse“ erst noch industriell entwickelt werden sollte, während sie in ihrem tatsächlichen Leben das gerade noch nicht vollzogen hatte, was die Konstruktivisten als die gesellschaftliche Voraussetzung ihrer Konstruktionen dachten. An diesem Konflikt ist die konstruktivistische Avantgarde in der Sowjetunion politisch denn auch sehr schnell gescheitert. Sie hatte die „Maschinenkunst“ gefordert, eine Kunst, die sich innerhalb der industriellen Produktionsverhältnisse technisch definiert – gerade so, wie das Walter Benjamin, der dieser Avantgarde verbunden war, gefordert hatte; politisch haben sie sich damit nur den Vorwurf des ideologischen Idealismus zugezogen.

Der Vorwurf ist insofern auch berechtigt, als das konstruktivistische Prinzip auf der Voraussetzung beruht, daß innerhalb des Gesehenen ein Produkt des Sehens liegt; aber es ist deshalb zugleich auch nicht berechtigt, weil die Schule dieses Sehens, geschichtlich-kollektiv, parallel zur Industrialisierung der Gesellschaft in den durch die industrielle Technik hergestellten und gesellschaftlich geübten Wahrnehmungsbedingungen der Menschen liegt. Die Druckerzeugnisse der damaligen Künstlergruppen sind heute kaum noch zugänglich. Was die zugänglichen aber zeigen, ist der Nachweis,

Die neue Einheitsfront Der CSU-Vorsitzende besuchte im Januar 1975 die Volksrepublik China und den Parteivorsitzenden Mao Tse-tung. Der Empfang durch die chinesische Parteiführung beruhte auf dem wechselseitig gemeinsamen Interesse, die Politik der West-Ost-Entspannung zu erschweren. Staecks Karte und Plakat haben allerdings noch einen anderen Aktionszusammenhang, der aus dem Bildobjekt nicht von selbst hervorgeht. Zwischen der Karlsruher Kunstausstellung „Kunst und Politik“ im Jahre 1970 und der Londoner Kunstausstellung „Art into Society – Society into Art“ 1974 (beides wichtige Stationen auf dem Weg der praktischen Erprobung eines neuen Kunstbegriffes) fand 1973 in Hannover eine Kunstausstellung unter dem Titel „Kunst im politischen Kampf“ statt. Während der Vorbesprechung zwischen den Künstlern Albrecht D., Beuys, Hacker, Hiltmann, Immendorf, Neuenhausen, Staeck/Steidl, Vostell und mit den für die Ausstellung Verantwortlichen, Joachimides und Leppien, erklärten sich Immendorf und Hiltmann nicht mit dem Konzept der Ausstellung einverstanden, im Medium einer gemeinsamen Präsentation auf die Darstellung von Kontrasten zwischen den Auffassungen der Künstler hinzuarbeiten. Hiltmann, Immendorf und Lenger teilten mit, daß sie ihrerseits sich „vereinheitlicht“ hätten in einer Gruppe, die unter dem Namen „Liga gegen den Imperialismus“ auftritt. Diese Gruppe sucht den Kontakt zur KPD (nicht zur DKP) und macht für sich den Kunstbegriff des chinesischen Parteiführers Mao Tse-tung geltend, wobei sie in einem bizarren Ritual den „Avantgardismus der Avantgarde“ (gemeint sind die Künstler Brock, Beuys, Joachimides, Vostell, Brehmer und Klaus Staeck) auf der Grundlage einer Rede kritisiert, die Mao Tse-tung 1942 in der Hochschule von Yenan gehalten hat. Die Kritik an Staeck bekommt dadurch eine zusätzliche Härte, daß die Gruppe die Tradition der KPD für sich in Anspruch nimmt und damit auch John Heartfield. Staecks Kunst wird von der Gruppe als das „Hilfsmittel“ angesehen, „Illusionen über die Rolle der Sozialdemokratie im westdeutschen Monopolkapitalismus zu schüren“. Staecks Postkarte und Plakat geben die Kritik zurück, indem sie nicht nur zeigen, daß Strauß neben Mao Tse-tung, sondern (jedenfalls heute) auch Mao Tse-tung neben Franz Josef Strauß steht.

Offset Auflage: Plakat 3600, Postkarte 18000 1975

Begrüßung zwischen zwei Parteivorsitzenden: Mao-Tsetung empfängt Franz-Josef Strauß

Nur im Gleichschritt können wir den Sieg erringen!

Peking Rundschau 7. Jan. 1975

»Ich sage nur noch: China, China, China« (Kurt Georg Kiesinger 1969)

daß die neuen Wahrnehmungsbedingungen die Ausbildung neuer, technisch hergestellter Bildersprachen fordern. Die russischen Kunstruktivisten waren auf diese Einsicht deshalb besser vorbereitet als in Westeuropa die Tradition der Dadaisten, weil sie in ihrer künstlerischen Ausbildung nicht von dem traditionellen Bild, sondern als Typographen von der Schrift her kamen, wobei sie zunächst geschnittene Holzbuchstaben und den Bleisatz so kombinierten, daß der Eindruck einer maschinellen Massenproduktion entstand. „Die zeitgenössische Polygrafie", heißt es dann in einem Rückblick El Lissitzkys aus dem Jahre 1927, „erreicht eine Phase, in der die Kompositionstechnik Veränderungen unterworfen ist, die man mit jenen vergleichen könnte, welche die Bücher nach Gutenbergs Erfindung veränderten. Die Ausgangspunkte dieser Revolution waren Licht und physikalische Chemie oder das, was in letzter Konsequenz zum Fotosatz führt." Und Lissitzky fährt an dieser Stelle fort: „So wie die drahtlose Übertragung dem Telegraphen, den Kabeln und Telegraphenstationen ein Ende machte, so wird uns auch der Fotosatz vom Bleisatz, Klischee usw. befreien." Die hier theoretisch vorweggenommene Befreiung des neuen Instrumentes einer neuen Massenkommunikation liegt darin, daß im Photosatz Bild und Schrift dieselbe drucktechnische Qualität erlangen, so daß sie im Herstellungsprozeß zusammenfallen. Auf einer industriell weit entwickelten Stufe der Druckmaterialien stellt sich dieselbe drucktechnische Lage wieder her, die vor der Erfindung der beweglichen Lettern gegolten hatte, als Schrift und Bild in die hölzernen Druckstöcke geschnitten werden

Holger Am Grab des in der Untersuchungshaft an den Folgen eines Hungerstreiks gestorbenen Holger Meins hatte Rudi Dutschke, ehemals prominenter Anführer der Studenten in der Revolte, dann beinahe den Verletzungen eines Pistolenattentats erlegen, gerufen: „Holger, der Kampf geht weiter." Holger Meins war der Mitgliedschaft in der Baader-Meinhof-Gruppe verdächtig und hatte sich deshalb in Untersuchungshaft befunden. Unmittelbar vor dem Tag der Wahl zum Berliner Abgeordnetenhaus am 2. März 1975 hatte eine Nachfolgeorganisation der Baader-Meinhof-Gruppe den Berliner CDU-Politiker und Spitzenkandidaten seiner Partei für die Wahl, Lorenz, entführt. Der Wahlkampf war daraufhin unterbrochen worden. Demoskopen nehmen an, daß die Entführung einen Rückgang des Stimmenanteiles der in Berlin regierenden SPD um etwa 5% bewirkt hat. Die Entführer selbst rechneten damit, daß durch die Entführung Lorenz als Sieger aus der Wahl hervorgeht. Während es sich bei der Abbildung der Brandmauer mit dem Schriftzug auf Staecks Plakat um die Wiedergabe eines Originalphotos handelt, sind der Texteindruck „bis zum Endsieg der CDU/CSU" und das Bild des CSU-Vorsitzenden Strauß einmontiert. Die Bildaussage insgesamt ist von dem Altpräsidenten des Niedersächsischen Landtages, Dietrich Osmers, CDU, als Verherrlichung von Terroristen aufgefaßt worden.

Siebdruck Auflage: Plakat 1500, DAS DA-Poster 60000 1975

Photo Autobahnbrücke Salzgitter–Braunschweig, 1975

HOLGER
DER
KAMPF GEHT
WEITER
bis zum
Endsieg
der
CDU/CSU

mußten. Inmitten der industriellen Technik hat damit die Kunst technisch zugleich wieder jene sozialpädagogischen Problemstellungen erreicht, die die Kunst des alten, vorbürgerlichen, europäischen Humanismus kennzeichnete.

Saustall Klaus Staeck und Gerhard Steidl haben sich von Anfang an darum bemüht, im ganzen Produktionsablauf und im Vertrieb unabhängig von den technischen Zulieferungen anderer zu werden, ohne dabei in Abhängigkeit von Auftragsarbeiten zu geraten. Die Kooperation mit Gruppen oder mit einzelnen Personen erfolgt immer nur punktuell, jeweils für ein bestimmtes, im Ablauf überschaubares Projekt. (Das gilt auch für die Zusammenarbeit mit der Parteiorganisation der SPD.) Dadurch hat sich für Staeck der Atelierbetrieb zur Organisation zweier Kleingewerbetreibender entwickelt, mit einem Büro in Heidelberg und einem in Göttingen, wobei Gerhard Steidl als Drucker, Verleger, Hersteller, den technischen Bereich – Photos, Ausstellungen – und die drucktechnische Produktion, Teile des Vertriebes und Elemente einer eigenen Öffentlichkeit zwar in freundschaftlicher Kooperation mit Staeck, aber ökonomisch und betriebswirtschaftlich unabhängig von Klaus Staeck betreibt. Mit dieser Organisationsform sind zwar alle Gefährdungen der marktwirtschaftlichen Abhängigkeit verbunden – Bank- und Privatkredite, rote Zahlen, die ständige Balance auf einer Schwelle zum Bankrott –, aber andererseits liegt darin auch die Chance des kleinen selbständigen Gewerbes, innerhalb weniger Tage ohne fremde Hilfe und Einfluß eine Idee drucktechnisch zu realisieren und das Bild- und Aktions-

Offset Aufl.: Plak. 8250, DAS DA-Poster 60000, Postk. 20000 1975

Mobile Staeck-Ausstellung, Hochschule Koblenz, 1975

Für mehr Sauberkeit im deutschen Saustall:

Die CDU tut mehr für die Schweine

Kapitel X

Der Standard für das Verhältnis zwischen Politik und Kunst ist seit Jahrhunderten gesetzt. Wir kennen ihn nur nicht, weil der Blickpunkt für den Horizont der Kunsterwartung an den Rand gesellschaftlicher Tätigkeit gerückt ist. Die humanistische Idee der Kunst als Technik einer nicht institutionalisierten, politischen Massenbildung geht in diesen Horizont nicht ein. Für die Begrifflichkeit der innerhalb des 19. Jahrhunderts traditionell gewordenen Kunstbetrachtung, die heute die generelle Vorstellung von der Funktion der Kunst bestimmt, ist die Kunst der Massenwirkung, wie sie zum Beispiel noch das publizistische Gesamtwerk Lessings und sogar die Schriften Schillers durchgängig bestimmt, nicht wichtig. In einer tief verinnerlichten, gleichwohl falschen, in den Bereich des Unausdrücklichen verdrängten, christlich-religiösen Analogie sieht sie im Werk den „Schöpfer", den vereinzelt Einzelnen, in dessen Tätigkeit sich die Erinnerung an die Idee der geschichtlichen Erlösung als das Werk des gesellschaftlich isolierten Einzigartigen, der sich opfert, wiederholt. Im Bereich der nationalen Tradition in Deutschland sind die an mythisches Verhalten grenzenden Verehrungen nicht so sehr der Dichtungen als des Dichters Goethe und nicht so sehr der Kunst als des

objekt an Tausende von Menschen ohne fremde Mittel heranzutragen. Während des Wahlkampfes 1975 in Nordrhein-Westfalen löste die grobe Überzeichnung durch Franz Josef Strauß: „Die Politiker, die 1969 ausgezogen sind, diesen Staat zu reformieren, haben einen Saustall ohnegleichen angerichtet" eine publizistische Erschütterung des ganzen Wahlkampfklimas aus; zumal eine gerichtliche Verfügung dem SPD-Vorsitzenden Willy Brandt untersagte, das Zitat in der Weise zu wiederholen, Strauß habe die Bundesrepublik Deutschland selbst einen „Saustall" genannt. Durch die sehr schnell angefertigte nicht verbale, sondern bildliche Wiederholung auf dem Plakat von Staeck wurde die Strauß-Äußerung festgehalten und immer von neuem dargestellt, ohne daß der CSU-Vorsitzende dagegen einen gerichtlichen Einspruch hätte erwirken können.

Das muß jetzt anders werden Das Plakat wurde im hessischen Landtagswahlkampf 1974 verwendet, als der Spitzenkandidat der hessischen CDU, Alfred Dregger, im Wahlkampfstil von Franz Josef Strauß die Weltwirtschaftskrise dazu ausnutzte, die Wirtschafts- und Finanzpolitik der Bundesregierung als Bedrohung für die Wähler darzustellen.

Offset/Siebdruck Auflage: Plakat 8000, Postkarte 10000 1974

Aktion Inflationsgerede, Handzettel, Auflage 10000, 1971

Die Bundesrepublik hat die niedrigste Inflationsrate
Das muß jetzt anders werden!
CDU/CSU
Das muß jetzt anders werden!
CDU/CSU

Künstlers Albrecht Dürer für die Einengungen des Kunstbegriffes charakteristisch. Das religiöse Ritual und sein Geheimnis definieren jene Schwelle, an der die Kunst aus dem lebenspraktischen Zusammenhang mit dem alltäglichen Bedürfnis sich entfernt, während zugleich der willkürlich verengte Horizont der Kunsterwartung unsere Kenntnis von der Überlieferung der Kunst auf einen schmalen Ausschnitt der tatsächlichen Arbeit reduziert, die von der Kunst in der geschichtlichen Lebenswirklichkeit geleistet wird. Wer im August des Jahres 1970 die Karlsruher Kunstausstellung „Kunst und Politik" gesehen hatte, brauchte nicht weit zu gehen, um in der Staatlichen Kunsthalle auf das 1508 von Hans Burgkmair gemalte Bildnis Sebastian Brants zu treffen. Sebastian Brant ist als der Verfasser eines Buches mit dem Namen „Narrenschiff" bekannt. (Sebastian Brant war auch „Stadtschreiber" von Straßburg, nach heutigen Begriffen Bürgermeister eines Stadtstaates.) Das Buch war aus der gemeinschaftlichen Arbeit eines Humanistenkreises hervorgegangen, den Johannes a Lapide 1470 in Basel gegründet hatte. Es erschien im Jahre 1494. Es lohnt sich, einen Augenblick bei dem erinnernden Gedanken an dieses damals säkulare Kunstwerk zu verweilen, zumal die Risse für den größten Teil der Bilder von der Hand des jungen Albrecht Dürer stammen. Die geschichtliche Norm für das Verhältnis zwischen Kunst und Politik läßt sich an diesem Kunstwerk ablesen. Wenn sich auch die Kunst der Humanisten nur in einem kurzen Augenblick entfalten konnte, so war es ihr gleichwohl gelungen, sich als eine notwendige Erscheinungsform sozialer Arbeit zu bestimmen, deren Technik darauf

Die Zukunft liegt im Chaos Bei allen Landtagswahlen im Jahre 1974 konnte die CDU (und vor allem die CSU in Bayern) beträchtliche Stimmengewinne erzielen, wenngleich ohne in einem der Bundesländer einen für sie günstigen Regierungswechsel zu erreichen. Um die Jahreswende 1974/75 wurde deutlich, daß die Konjunkturprogramme der Bundesregierung wirtschaftspolitisch wirkten, während freilich gerade zum Jahreswechsel die Zahl der Arbeitslosen die Millionengrenze überschritt. Am 10. März 1975 veröffentlichte die Zeitschrift „Der Spiegel" den Text einer Rede, die der CSU-Vorsitzende Strauß auf dem Höhepunkt der wirtschaftlichen Krise, am 19. 11. 1974, bei einer Klausurtagung der CSU-Landesgruppe in Sonthofen gehalten hatte. Von einem Tag auf den anderen wendete sich die liberale und selbst die konservative Publizistik mit einer außerordentlich tiefen Empörung von den Empfehlungen des CSU-Vorsitzenden ab: „Es muß wesentlich tiefer sinken, bis wir Aussicht haben, politisch mit unseren Vorstellungen, Warnungen, Vorschlägen gehört zu werden. Es muß also eine Art Offenbarungseid und ein Schock im öffentlichen Bewußtsein erfolgen. Wir können uns gar nicht wünschen, daß dies jetzt aufgefangen wird, sonst ist ja nur eine Pause, und nach der Pause geht es ja doch in der falschen Richtung wieder weiter. Die Auflösung der jetzigen Bundesregierung ist das vorrangige Ziel, und hier besteht durchaus die Möglichkeit, daß noch
Offset Aufl.: Plak. 13500, DAS DA-Post. 60000, Postk. 20000 1975

Umschlag einer Broschüre SWI Bremen, 1975

Christdemokraten!
Eure Zukunft liegt
im Chaos

abzielt, in das Wahrnehmungsverhalten aller Menschen einzudringen. Als die Kämpfe um die kirchliche Erneuerung in Reformation und Gegenreformation sehr bald die politischen Voraussetzungen für die Tätigkeit der Humanisten auflösten, wurden auch die sozialen Bedingungen für deren Kunstbegriff zerstört. In den Aufträgen des Hofes ließ sich der soziale Zweck der Kunst nicht mehr verwenden. Die Verschleierung des Zwecks der Kunst durch eine neue Schönheit bestimmt dann jenes Bild, das sich von Dürers Tätigkeit der Nachwelt eingeprägt hat.

Albrecht Dürer hatte sich dem Humanistenkreis in Basel 1490 angeschlossen; um zu lernen. Die Druckstöcke für das „Narrenschiff" wurden in der Basler Werkstatt Bergmann von Olpes hergestellt. Bergmann von Olpe, selbst ein Gelehrter, hatte den didaktischen Bestrebungen des Kreises das Produktionsmittel des Buchdruckes erschlossen. Auch der „Ritter vom Turn", heute als eines der schönsten Bücher des 15. Jahrhunderts angesehen, wurde hier herausgebracht, 1493, ein Jahr vor dem „Narrenschiff". Der „Ritter vom Turn" ist die von Johannes a Lapide selbst besorgte Übersetzung einer moralischen Unterweisung aus dem vorangegangenen Jahrhundert. Das Buch ist ebenfalls mit Holzschnitten von Albrecht Dürer ausgestattet. Was rückblickend als die „Schönheit" dieses Werkes gilt, entstammt lediglich der didaktischen Vollendung, deren Bedingungen innerhalb der neuen Drucktechnik des Buchdruckes durch die

vor dem Jahr 1976 es zu einer Änderung kommt." Drei Tage später hat Herbert Wehner, der Fraktionsvorsitzende der SPD, im Bundestag während der „Sicherheitsdebatte" Strauß wegen dieser Thesen vorgeworfen: „Sie sind selber geistig ein Terrorist!" Der Ministerpräsident von Rheinland-Pfalz, Helmut Kohl, kurz zuvor als Kanzlerkandidat für CDU und CSU benannt, rief hingegen während derselben Debatte an den SPD-Vorsitzenden gewandt aus: „Wer in dieser Stunde glaubt, daß irgend jemand in der CDU oder CSU jetzt dabei ist, einen, der nun von Ihnen besonders herausgestellt wird, im Regen stehen zu lassen, der irrt sich." Am Ende der Debatte erklärte der SPD-Abgeordnete Dr. Friedrich Schäfer: „Ich stelle fest, daß sich heute trotz Aufforderung kein Sprecher der CDU/CSU-Fraktion und kein CDU- bzw. CSU-Mitglied von der Bundesratsbank von der Rede des CSU-Vorsitzenden Strauß in Sonthofen distanziert hat. Wir stellen fest, daß die CDU/CSU-Fraktion sich damit mitschuldig macht."

Aschermittwoch In der Sonthofener Rede war Franz Josef Strauß davon ausgegangen, entscheidend für die Möglichkeit, die Bundesregierung zu stürzen, sei der Ausgang der Landtagswahlen in Nordrhein-Westfalen am 4.5.1975. Spitzenkandidat der CDU für diese Wahl war Heinrich Köppler, der allerdings sein Wahlziel nicht erreichte.

Offset/Siebdruck Auflage: Plakat 2500, Aufkleber 5000 1975

Landtagswahlen Nordrhein-Westfalen, 1975

Wählt Köppler und das ganze Jahr ist Aschermittwoch

Kunst des Humanistenkreises erforscht wurde. Das „Narrenschiff" im Jahre 1494 schließt die Reihe der vorangegangenen Versuche ab. Die Kunst dieses gedruckten Buches machte durch ihre Massenwirkung – zwischen 1494 und 1512 erschienen 30 Ausgaben – in ganz Europa für einen Augenblick bewußt, daß ein Fundament der damaligen Gesellschaft, die christliche Herrschaft über die Materialien für die Tradition der Bildung, außer Kraft gesetzt war. Das Privileg des Schreibens und des Lesens, in Jahrhunderten ein Vorzug in den sich Klöster und Kanzleien teilten, war gebrochen. Die Kunst des Buches zeigte, daß es technisch überholt war. Der Text Sebastian Brants versammelte die bildträchtigsten Motive der spätmittelalterlichen, populären Überlieferung, Fastnacht, Totentanz und Narrenschiff, die er zur Darstellung einer einzigen Allegorie verband, in der sich jeder in seiner ihm bekannten, scheinbar sicheren sozialen Umwelt als Teil der insgesamt ziellos treibenden Menschheit wiederfand. Denn auf dem Höhepunkt der ersten großen christlich-kolonialen Explosion Europas – 1493 verteilte der Papst die überseeischen Länder zwischen Portugal und Spanien (die Massenverfolgung der in Spanien lebenden Juden begann im Jahre 1492) – forderten die Humanisten politisch eine Strukturveränderung des menschlichen Verhaltens. Das „Narrenschiff" vereinigte die traditionellen Bilder zu dem neuen Zweck, die Verständigung über das den Menschen Mögliche in der sozialen Welt aus der Umklammerung durch die christlich institutionalisierten Morallehren kollektiv herauszulösen, die diese Bildwelten besetzt hatten. Rund zwanzig Jahre vorher hatte sich der

Prof. Carstens reitet für Deutschland Wer die Serie der Plakate Staecks im ganzen überblickt, stößt immer wieder auf den einfachen Symbolgehalt von mehr oder weniger großen schwarzen Flächen. Diese Flächen sind nicht lediglich drucktechnisch bei einer farblosen Wiedergabe in Schwarz-Weiß-Technik bedingt; sondern ihre Verwendung reicht von dem Schatten der Patrone auf dem Blatt „Der Krieg" über die emblematisch genaue Darstellung von Herrschaft, Faschismus, „Chaos", bis zur Abbildung der militärischen „Ordnung". Schwarz ist diejenige Fläche, in der jedes Bild verschwindet. Die Abbildungsfähigkeit löst sich in ihr auf. In Staecks Ausdruckswelt gehört sie zu den Mitteln für die Darstellung von Signalen der Gefahr. Bis auf den schmalen Rand ist das Plakat „Prof. Carstens reitet für Deutschland" von diesem Hintergrund gelöst. Das Bild gibt die Person (in deren offenbarer Kenntnislosigkeit begründet) dem Lächerlichen preis. Es zeigt die drohende Gefahr als überwunden. Prof. Carstens ist der Vorsitzende der CDU/CSU-Bundestagsfraktion und Mitglied einer Führungsmannschaft von CDU und CSU um den Kanzlerkandidaten Kohl, die den Wahlkampf für die Bundestagswahl 1976 vorbereitet. Der wiedergegebene Text ist nicht etwa ironisch nachgebildet worden; sondern Prof. Carstens hat die Äußerung so vorgetragen.

Offset Aufl.: Plakat 3000, DAS DA-Poster 60000, Postk. 28000 1975

Staeck-Plakatlager Göttingen

Prof. Carstens reitet für Deutschland

»Ich fordere die ganze Bevölkerung auf, sich von der Terrortätigkeit zu distanzieren, insbesondere auch den Dichter Heinrich Böll, der noch vor wenigen Monaten unter dem Pseudonym Katharina Blüm ein Buch geschrieben hat, das eine Rechtfertigung von Gewalt darstellt«

Prof. Carl Carstens (Vorsitzender der CDU/CSU Bundestagsfraktion) am 12. Dez. 1974 auf einer CDU-Kundgebung in der Duisburger Mercatorhalle vor 3000 Zuhörern über Heinrich Bölls vor kurzem erschienenes Buch »Die verlorene Ehre der Katharina Blum«.

Kreis gelehrter Intellektueller um Johannes a Lapide gebildet. Johannes a Lapide war aus der Pariser Universität geflohen, um die durch die christliche Geschichte zugedeckten Quellen der lateinischen, der griechischen, der arabischen und der hebräischen Antike philologisch-literarisch wieder zu erschließen, als eine Grundlage für die Neuordnung des gesellschaftlichen Lebens. Die Ernte dieser Anstrengung bringt das „Narrenschiff" in eine neue Darstellung der Bildwelten des Mittelalters, in die deutsche Sprache, in leicht verständlich aufgebaute Verse und, auf der Grundlage der Drucktechnik, in eine neue Bildersprache ein. Das „Narrenschiff" ist Kampfschrift für den Zweck, eine neu orientierte Massenbildung nicht allein als möglich zu behaupten, sondern durch die Vorlage des sozialpädagogischen Modelles in einer Handlung zu begründen. Das Kunstwerk zielt auf eine politische Umkehrung der kulturellen Orientierung; es ist Teil der Auseinandersetzung mit dem Ziel, die Schulen, die Universitäten, die Institution der Bildung der ausschließlichen Aufsicht durch die Kirchen, Münster, Klöster und Bettelorden zu entziehen.

Nach langen Vorbereitungen gelang mit diesem Buch das Darstellungsmodell, um das technische Instrument der Massenbildung vorzuweisen. An die von Hand gemalten Bücher höfischer und klösterlicher Unterweisung und an die Technik der Einblattdrucke und einzelner Flugschriften anknüpfend, wurde der gedruckte Seitenspiegel

Sicher in die 50er Jahre Alle bisher behandelten Plakate sind von Staeck als Selbsthilfe-Aktionen hergestellt worden, auf eigene Rechnung, auf eigene juristische Gefahr, und auf der Grundlage der Selbstkosten (einschließlich eines Investitionsgewinnes für den Erwerb der technischen Produktionsmittel). Sie sind innerhalb des Umkreises der SPD lediglich als Angebot eines neuen graphischen Mittels für die Massenkommunikation unterbreitet worden. Mit dem Blatt „Sicher in die 50er Jahre" hat die Sozialdemokratische Partei zum erstenmal das dargebotene Mittel selbst ergriffen. Es wurde als Deckblatt für das offizielle, monatlich erscheinende Mitglieder-Magazin der SPD im August 1975 verwendet. Das Magazin kommt in die Hand eines jeden Mitgliedes der Partei. Das Bild zeigt Strauß als den Chauffeur des abgewrackten Wagens, in dessen Inneren der Kanzlerkandidat der CDU/CSU der Dinge harrt. Staeck rückt den Wagen in die Ferne: in die Raumtiefe durch den Horizont, in die Zeitenferne durch das veraltete Modell. Indem der Betrachter beim Gewahren dieses Bildes lacht, entfernt er sich aus seiner Bindung an die Bedrohung durch die Gefahr, in der sich die Polarisation des gesellschaftlichen Lebens in den vorangegangenen Jahren seit 1969 abgespielt hat. „Alternative '76" ist Text des Slogans der CDU seit deren Mannheimer Parteikongreß Mitte 1975.

Offset Aufl.: Plakat 5000, DAS DA-Poster 60000, Aufkleber 30000, Postkarte 20000 1975

Titelseite „Sozialdemokrat-Magazin", Auflage 1000000, August 1975

Sicher in die 50er Jahre
Alternative '76
CDU

aus dem Verhältnis zwischen Schrift und Bild neu hergeleitet. Schrift und Figur im Wechsel organisieren dessen Aufbau. Randleisten umschließen die Wahrnehmung der Seite. Jeder Abschnitt, die Verse der einzelnen Kapitel, sind um die Bildeinheit gruppiert. Dabei löst die Drucktechnik die Darstellung zugleich aus dem historischen Zusammenhang mit der von Hand gemalten Meditations- und Unterweisungsschrift und führt dem nicht gelehrten Leser und Betrachter eine neue, vorher nie gesehene Wahrnehmungseinheit zu, in der die alten Wörter und die von der religiösen Unterweisung her vertrauten Bilder sich mit neuen Sinnwelten verbinden. Im Bildraum des in der Werkstatt Bergmann von Olpes eingerichteten Musterexemplares für die Möglichkeit des neuen drucktechnischen Produktionsmittels gewann das nicht meditationsgeübte Auge, dem die Geheimnisse der Schrift nicht durch die Schriftgelehrsamkeit vertraut waren, durch die Kunst, Text und Figur zu einem neuen Bild zu einen, einen neuen Aufenthalt, um von dort aus die soziale Welt mit neuen Augen anzusehen. In der Mitarbeit an dieser Aufgabe hat sich für Albrecht Dürer die Disposition der künstlerischen Arbeit ausgebildet. Die Schrift bedeutet die Vorwegnahme der Idee der Massenpädagogik auf der Grundlage des gedruckten Buches, wie sie dann erst sehr viel später und unter gänzlich umgewandelten gesellschaftlichen Bedingungen möglich geworden ist, nachdem die technisch-industrielle Massenproduktion das Ende der auf dem Analphabetismus aufgebauten Gesellschaftsform zu erzwingen angefangen hatte. Als Instrument eines methodischen sozialen Lernens außerhalb der von den Mächtigen

Alpträume Das Wort „Satire“ wird im Duden-Wörterbuch mit dem Begriff „witziger Spott“ erklärt. Diese Erklärung ist nicht richtig. Die Satire bildet nicht das heitere, sondern das ernste Extrem der Kunst. Satyr, in der griechischen Mythenwelt der Gegensatz zu dem Gott Apoll, ist Sinnbild der Menschheit als verwilderte Erscheinung. Die Abbildungstechnik dieser Erscheinung heißt in der Theorie der Kunst „Satire“. Sie ist die Darstellungsform der Menschen in ihrer Wirklichkeit. So erklärt sich, daß die Abbildung der Menschen seines Zeitalters, die Karl Kraus gegeben hat, der Menschen im Untergang, sich als Satire darstellt. Zu dem Text des Strauß-Plakates „Entmannt alle Wüstlinge“ hat Staeck gesagt: „Als es in den 60er Jahren eine Serie von Kindermorden gab, erschien ein Interview mit dem Präsidenten des Deutschen Kinderschutzbundes unter dieser Balkenüberschrift. Das ist die Satire “ (in: „Die Zeit“, 24.1.1975, S.14). Staecks Auffassung ist mit dem Satz „Die Realität ist die Satire“ exakt wiedergegeben. Der „Alp“ ist eigentlich der Name für den mythischen Stammvater der Elfen. Ursprünglich war das Wort identisch mit dem Wort für Künstler. Sprachgeschichtlich wurde es dann umgewandelt in das Sinnbild für ein tückisches Wesen, das den Geist bedrückt.

Offset Auflage: Postkarte 12000 1976

München-Panorama, Postkarte, Auflage 12000, 1972

Alpträume eines Durchschnittsbayern (CSU-Wähler)

in ihrer Zeit beherrschten Schulen zeigte die Kunst des „Narrenschiffes“, welche gesellschaftliche Möglichkeit mit dem neuen Produktionsmittel erfunden worden war.

Die Studien zur Perspektive, zur Proportion, zur Messung zeigen, wie Dürer immer wieder auf die Bedingungen zurückgegangen ist, in denen sich das Sehen ändert. Aber gegen Ende seines Lebens sah er sich genötigt, Bauzeichnungen für die militärische Befestigung von Städten herzustellen, militärtechnisch an den Abbildungen der Grundrisse jener Städte orientiert, die während der Eroberung von Mexiko, 1519 bis 1521, zerstört worden waren. Er starb 1528. Drei Jahre zuvor war der Wortführer des Bauernkrieges, Thomas Münzer, in Mühlhausen hingerichtet worden. Sebastian Brant starb 1521. Es hatte nicht in der Macht der Kunst gelegen, „Folter, Galgen, Schwert, Feuer, Rad, Augenausstechen, Zungenausreißen, beliebig und in Breite verwandt“ zu verhindern, wie Ernst Bloch die Tätigkeit der Fürsten, nachdem Thomas Münzer und die Bauern unterlegen waren, kennzeichnet. Sie hatte nur die Möglichkeit gehabt, die Gegenmacht des neuen Produktionsmittels in ihrer vollen historischen Dimension zu zeigen. – An der Londoner Kunstausstellung 1974 „Art into Society – Society into Art“ nahm neben den Künstlern Albrecht D., Joseph Beuys, KP Brehmer, Hans Haacke, Klaus Staeck mit Gerhard Steidl, dem Photographen Michael Ruetz, Gustav Metzger teil. Gustav Metzger, während der Zeit der Herrschaft des Faschismus aus Deutschland

Die Demokratie muß gelegentlich in Blut gebadet werden Unmittelbar nachdem am 11.9.1973 der demokratisch gewählte Präsident Chiles, Salvador Allende, in einem Militärputsch gestürzt (und ermordet) worden war, riefen Heinrich Böll, Ernst Bloch, Günter Wallraff und andere zu einer Solidaritätsaktion zugunsten politisch Verfolgter in Chile auf. Staeck, der den Aufruf mit initiiert hatte, stellte für die Solidaritätsveranstaltungen drei Plakate her, deren Verkaufserlös einem Zentralfonds überwiesen wurde. „Die Demokratie muß gelegentlich in Blut gebadet werden“ ist ein Plakat dieser Serie. Zugrunde liegt ein Zeitungsphoto aus der Zeitschrift „Der Spiegel“, das den Putsch-General Pinochet während einer Pressekonferenz zeigt. Bei dem Text handelt es sich um die wortgetreue Wiedergabe einer Äußerung Pinochets. In die Abbildung der Uniform wurden ein Bild der US-Fahne und das Firmenzeichen „ITT“ einmontiert. Durch einen Untersuchungsausschuß des amerikanischen Kongresses ist inzwischen auch offiziell bestätigt worden, daß dem Militärputsch koordinierte Initiativen des amerikanischen Geheimdienstes (CIA), internationaler (in den USA ansässiger) Konzerne und amerikanischer Regierungsmitglieder vorausgegangen waren. Der Washingtoner ITT-Chef Merriam hatte dem Sonderberater Peterson des amerikanischen Präsidenten empfohlen: „Aushungern der chilenischen Wirtschaft durch die USA und befreundete Staaten, Subentio-

Offset Auflage: Plakat 15500, Postkarte 43000 1973

Chile-Demonstration, Heidelberg, 1974

ITT
Die Demokratie muß gelegentlich in Blut gebadet werden
Junta-Chef Pinochet im Auftrag von ITT, CIA, Kennecott Copper Corp. u. a.
Solidarität mit Chile

emigriert und seitdem in England ansässig, als Künstler seit 1961 durch eine Serie von Aktionen hervorgetreten, die auf der Straße den Vorgang des gesellschaftlichen Zerstörens sinnenfällig machten, stellte keine Kunstgebilde aus, sondern einen Katalog von Fragen: „Unter welchen Umständen ist politische Kunst politische Kunst?, Wieso ist politische Kunst politisch?, Unter welchen Umständen ist politische Kunst nicht politisch?, Welche Kunst ist nicht politisch?..." Metzger rückt in seinem Katalogbeitrag das Problem der Kunst in die Dimension des größten der politischen Probleme, in den Zusammenhang mit der kollektiven Destruktion, für deren Verlauf er drei Modelle angibt, das des Faschismus, das des internationalen, insbesondere des nuklearen Wettrüstens, und das der permanenten Hungerkatastrophe „Dritte Welt". Vor diesem Horizont legt Metzger die Vermutung nahe, daß alle Kunst, als politische Handlung angesehen, nichts zu bedeuten habe. Deshalb stellte er selbst kein Kunstgebilde aus. Er nahm an der Ausstellung nur dadurch teil, daß er sich in ihr umsah, daß er bereit war, dem dort versammelten Ausschnitt der aktuellen avantgardistischen Kunstpraxis Fragen vorzulegen, und daß er die Möglichkeit noch offen ließ, das Recht der durch seine Vermutung nahe gelegten Antwort zu bestreiten. Klaus Staeck geht bei der Ausbildung seiner Technik der Plakatkunst von einer anderen Fragestellung aus, mit der er sich nicht an die Tradition der Kunst, sondern an die Wirkungen der politischen Arbeitsformen wendet. „Ich warte immer noch auf diese großen Politiker, die mir sagen: Was ist denn nun wirklich effektiv?" Der Standard für die Beurteilung des Ver-

nierung oppositioneller Gruppen und Zeitungen, Anbohrung verläßlicher Quellen innerhalb des chilenischen Militärs." Die Minen des amerikanischen Kupferkonzerns Kennecott Copper waren kurz nach Allendes Regierungsantritt verstaatlicht worden. Dem Staatsstreich wurde durch eine massive Streikbewegung der chilenischen Mittelschichten (Transportgewerbe, Kleinhandel) vorbereitet, nachdem es der demokratischen Regierung Allendes nicht gelungen war zu verhindern, daß sich die Mittelschichten zu einem Resonanzboden für reaktionäre Forderungen entwickelten.

Seit Chile wissen wir genauer Nachdem vor dem Putsch der entwicklungspolitische Sprecher der CDU/CSU-Bundestagsfraktion die sozial-liberale Bundesregierung wegen deren Bereitschaft kritisiert hatte, im Rahmen der Bedingungen ihrer Entwicklungshilfe Chile projektgebundene Aufbaukredite zur Verfügung zu stellen, erklärte der CDU-Bundestagsabgeordnete Wohlrabe nach dem Putsch: „Ich bin nach dem Besuch Chiles positiv beeindruckt." Der Generalsekretär der CDU Bruno Heck schrieb am 18.10.1973 in der „Süddeutschen Zeitung": „Das Leben im Stadion ist bei sonnigem Wetter recht angenehm"; das Stadion in Santiago war als Konzentrationslager verwendet worden. Dem Plakat liegt ein Photo zugrunde, das am 27.9. 1973 in der Zeitschrift „stern" abgedruckt war.

Offset Auflage: Plakat 5500, Postkarte 24000 1974

Chile-Demonstration (DGB-Aufruf) Berlin, 1974

Seit Chile wissen wir genauer, was die CDU von Demokratie hält.

»Das Leben im Stadion ist bei sonnigem Wetter recht angenehm.«
Bruno Heck (früherer CDU-Generalsekretär) am 18. 10. 73 in der Süddeutschen Zeitung.

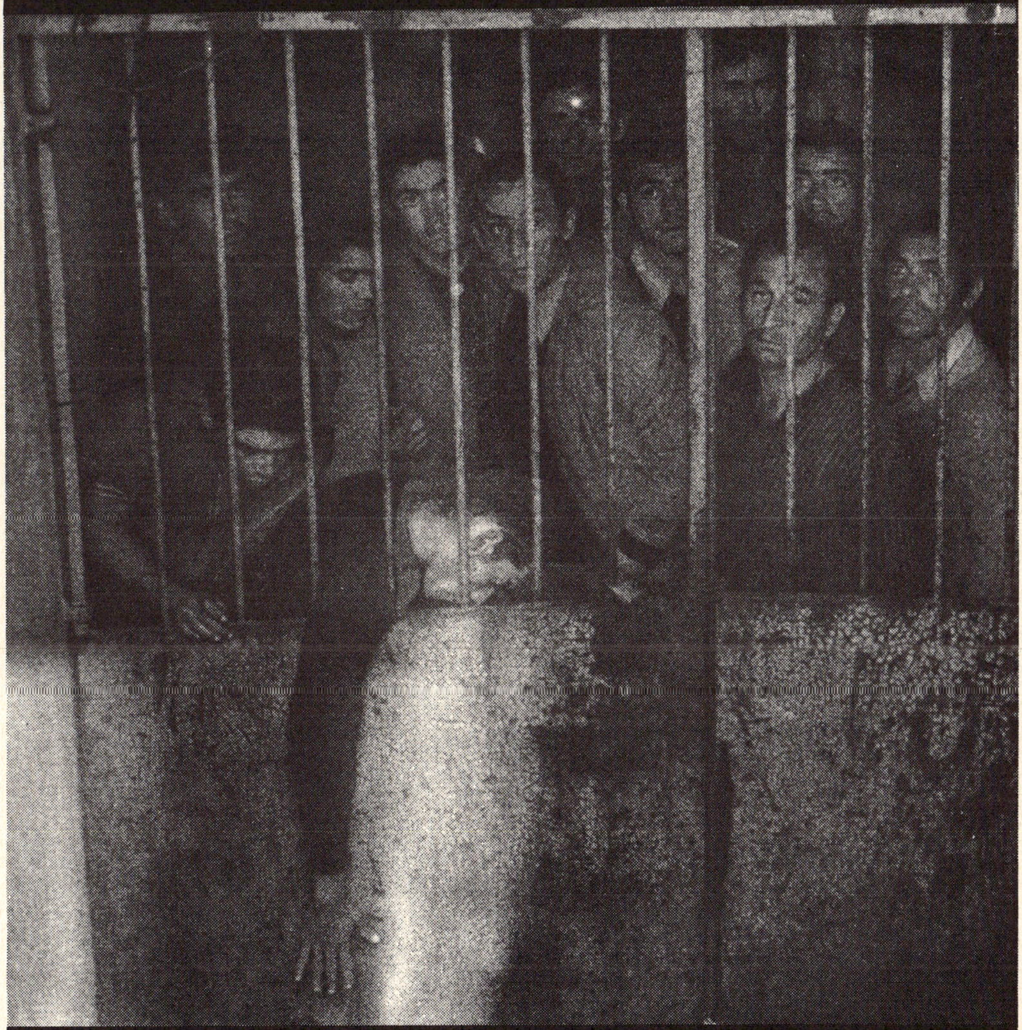

Verhaftete Allende-Anhänger im Fußballstadion von Santiago de Chile hältnisses zwischen Kunst und Politik ist historisch zwar gesetzt; aber das Ausmaß, in dem seine Kenntnis sich dem normalen, in den gegebenen gesellschaftlichen Voraussetzungen geschulten Kunstverstand entzieht, macht deutlich, daß es sich um den Maßstab für die Kunst der geschichtlich Unterlegenen handelt.

Bücherverbrennung Das Solidaritätsplakat „Offizielle Bücherverbrennung" wurde zur Frankfurter Buchmesse im Oktober 1973 hergestellt, um „zu veranschaulichen, daß Chiles eigentlicher kultureller Beitrag zur Buchmesse nicht Literatur, sondern Barbarei ist" (Staeck in dem Beitrag „Das politische Plakat" von Staeck/Steidl, in: Bosch/Bamberg, „Handbuch Gruppenarbeit für Schüler, Lehrlinge, Arbeiter, Gewerkschafter und Lehrer", Weismann Verlag, Augsburg 1975, S. 412ff). Das Plakat geht von dem originalen Photo eines chilenischen Soldaten bei dem Verbrennen von Büchern aus, gibt aber nicht das Photo selbst, sondern eine nachgestellte optische Reduktion auf den Brennvorgang wieder. Vor der Bücherverbrennung in Deutschland am 10.5.1933 waren in Büchereien, Buchhandlungen, öffentlichen und privaten Bibliotheken die Bücher eingesammelt worden, die dann auf regelrecht errichteten Scheiterhaufen verbrannt wurden. Die Bücherverbrennung ist eine Wiederbelebung des Auto-da-Fé. Unter diesem Namen wurden als „GLaubensakt" (actus fidei) die Urteile der Inquisition öffentlich vollstreckt. Bei der Inquisition handelt es sich um eine Einrichtung des Christentums als Staatsreligion, in der die wirklichen oder vermeintlichen Gegner der Kirche als Feinde des Staates getötet worden sind.

Offset Auflage: Plakat 2200 1973

Originalphoto Bücherverbrennung, 10.5.1933

Frankfurter Buchmesse
Freigelände
Offizielle
Bücherver-
brennung
Die Reichsschrifttums-
kammer Chile
Solidarität mit Chile

Kapitel XI

Aus dem Zusammenhang der Kunsttheorie von Walter Benjamin ist ein Motiv noch nachzutragen, das zentrale. „Soweit die Kunst auf das Schöne ausgeht und es, wenn auch noch so schlicht, ‚wiedergibt‘, holt sie es (wie Faust die Helena) aus der Tiefe der Zeit herauf. Das findet in der technischen Reproduktion nicht mehr statt. (In ihr hat das Schöne keine Stelle.)“ Aber der große Theoretiker der Darstellungsformen und der geschichtlichen Sprachtheorien des Barockzeitalters, der Walter Benjamin gewesen ist, hatte lange zuvor schon nachgewiesen, in dem Buch über den „Ursprung des deutschen Trauerspiels“, daß das Schöne nicht den Mittelpunkt der Kunstanstrengung bildet, als der es lediglich in einer gesellschaftlich verkehrten Perspektive angesehen aufgefaßt wird. Der Mittelpunkt liegt in dem Verhältnis zwischen Bild und Wort als Schrift, auf dessen Grundlage die Kunst geschichtlich das kollektive Sprachverhalten ändert. Dieses Verhältnis hat nichts Geheimnisvolles an sich, auch wenn es scheinbar die anonyme Sprachbewegung selbst ist, die parallel zu kollektiven Destruktionen die Sprache aus dem mit den leibhaftigen Augen Gesehenen herauslöst und die Wörter dem gesellschaftlichen Krieg als Hülsen für die blinde Kommunikation zurückläßt.

Atlantische Partnerschaft Seit November 1974 erscheint regelmäßig in der Zeitschrift „DAS DA“ ein „Politposter des Monats“ von Klaus Staeck. Die Auflage der Zeitschrift beträgt etwa 60000 Ex. Das Poster wiederholt den Ausschnitt aus einem Originalphoto vom Besuch des amerikanischen Präsidenten Ford im Mai 1975 in Spanien. In der bei dem Plakat „Bücherverbrennung“ genannten Veröffentlichung hat Staeck die Technik einer montierenden Bearbeitung eines Photos beschrieben. In Staecks Buch „Plakate abreißen verboten“ ist dargestellt, wie sich aus Vorlagen Plakate entwickeln lassen und welche juristischen Grenzen dabei beachtet werden sollten. Die Verbindung mit dem Medium Zeitschrift, wie hier mit der Zeitschrift „DAS DA“, bedeutet zwar eine Einschränkung auf den mehr oder weniger eng umgrenzten Kreis der Leser dieser Zeitschrift, gibt aber andererseits die Möglichkeit, sehr schnell und verhältnismäßig aktuell durch das Bildobjekt in eine politische Diskussion einzugreifen. Der Besuch des amerikanischen Präsidenten in Spanien war 1975 allgemein als drohende Gebärde aufgefaßt worden, die das Ziel hatte, die politische Entwicklung in Portugal zu beeinflussen. Er bildete zugleich den ersten Versuch des Nachfolgers von Präsident Nixon, sich vor den amerikanischen Wählern als Außenpolitiker zu empfehlen.

Tiefdruck Auflage: DAS DA-Poster 60000 1975

Coca-Cola Day, aus Kalender „Konsumgedenktage“, Aufl.: 550, 1967

Das Verläßliche an den Amerikanern ist, daß sie mit tötlicher Sicherheit das Falsche tun

US-Präsident Ford am 31. 5. 75 in Spanien:
Madrid kann stolz sein auf seinen Beitrag zur westlichen Verteidigung.

Neuere Forschungen haben die Annahme von Walter Benjamin bestätigt, daß in dem antithetischen Verhältnis zwischen der gesprochenen, der artikulierten Sprache, die wir mit unserem Munde sprechen, und der Schrift die Schrift dem Wort vorausliegt, so daß die Sprache immer dann dem Ursprung unseres Sprachverhaltens angenähert wird, wenn es gelingt, die Darstellungsfähigkeit des geschriebenen Wortes durch das hinzugefügte Bild für die Aufnahme eines neuen Sinnes zu verändern. Die riesige Tradition und Massenwirkung der barocken Emblematik, die durch den verengten Blickwinkel eines willkürlich begrenzten Kunstbegriffes zugedeckt ist, beruht auf dieser Technik. Das voll entwickelte Verfahren der phototechnischen Reproduktion greift auf dem erhöhten Standort der industriell entwickelten Gesellschaft, auf der Grundlage eines neuen Produktionsmittels, auf die sprachpraktischen Voraussetzungen dieser Technik zurück, um das kollektive Sprachverhalten umzuändern. An Paul Klees späten Bildern läßt sich ablesen, wie der Maler, an den Bedingungen seiner Maltechnik verzweifelnd, den Zusammenhang zwischen Bild und Schriftzeichen nicht so sehr erprobte als vielmehr – vergeblich – herzustellen suchte. Die Wirkung der Plakatkunst Staecks, die Tatsache einer massenhaften Ausbreitung der Bildobjekte, gibt nur den Hinweis auf den Vorgang einer kollektiven Sprachbewegung, der unterhalb der Schwelle des Offenbaren ausgetragen wird. Die Bildobjekte besetzen eine Lücke innerhalb dessen, was von der gesellschaftlichen Arbeit der Kunst erwartet wird und zu erwarten ist.

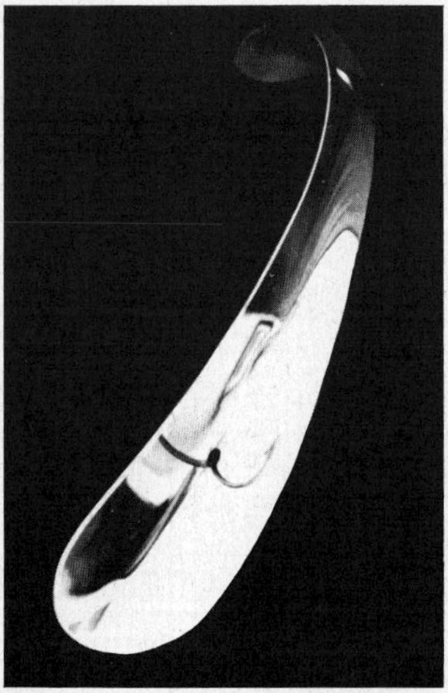

Der Spuk geht weiter Als in Deutschland 1945 die politische Herrschaft des Faschismus beendet war, glaubten viele, der Faschismus sei ein einmaliges Ereignis, ein gesellschaftliches Fehlverhalten, das nicht wiederholbar sei. Es schien, daß der „Faschismus in seiner Epoche" ein Ende haben werde. Später hat sich dann gezeigt, daß sich die demokratisch organisierten Staaten, auch in der westlichen Hemisphäre, in der Minderheit befinden und daß sich das faschistische Gespenst mal hier, mal da immer wieder neu belebt. Tot sind nur die toten Menschen. In Deutschland hat der Faschismus nachgewiesen, daß es einem eingespielten Team möglich ist, an einem Waldrand und geschützt durch einen Hügel ungehindert zwischen morgens um 7 Uhr 30 und mittags gegen 14 Uhr 14000 Menschen zu ermorden. Staecks Objekt „Spanischer Schuhlöffel" aus dem Jahre 1970 verweist mit seiner emblematischen Bezeichnung „Lustobjekt" auf den Zusammenhang zwischen Faschismus und der verschwiegenen Bereitschaft zu sadistischem Verhalten.

Offset Auflage: Plakat 2000, Postkarte 12000 1976

Spanischer Schuhlöffel, Lustobjekt, 1970

Die Mumie ist tot der Spuk geht weiter

Staecks Bildobjekte sind im allgemeinen so aufgebaut, daß eine Irritation des Lesevorganges eintritt. Man liest das gerade aktuelle medienpolitische Schlagwort „Ausgewogenheit" und sieht sechs Köpfe derselben politischen Richtung, deren Bild sechs Sendungstypen des Fernsehens besetzen. Man liest das Wort „Klassenkampf" und sieht das Bild der Schulklassen. Man sieht die in der Plakatlandschaft des Wahlkampfes vertraute Aufforderung des Schriftzuges „Deshalb CDU" im Bild des Signums der Partei und liest als die Begründung, daß die Reichen reicher werden sollen. Das Bildobjekt stellt eine auf den ersten Blick nicht akzeptable Text/Bild-Kombination her, deren Sinn sich erst beim zweiten Hinsehen aufschließt, und dann entweder unakzeptabel bleibt oder in der Linie der eigenen politischen Agitation verwendet wird. Kommunikationstheoretisch ist der Sachverhalt sehr einfach zu beschreiben; wenngleich ihn zu erzeugen schwer, und ihn in der auf ökonomischer Macht aufgebauten Beherrschung der kollektiven Bildwelten unterzubringen jedenfalls nicht leicht ist. Zur Übermittlung jeder Information gehört nicht nur das Material, in dem die Information selbst abgebildet ist, sondern auch die Abbildung eines Codes, um die Abbildung der Information eindeutig zu entschlüsseln. Ein einfaches Beispiel: Wenn einem Schriftunkundigen die Buchstabenfolge „HAUS" vorgelegt wird, läßt sich die Abbildung eines Hauses als Code verwenden, mit dem sich ihm der Sinn der Buchstabenfolge aufschließt. Für den Schriftkundigen ist die umgekehrte Anwendung geläufig. Das nicht ohne weiteres identifizierbare Bild eines Gestirns wird mit dem Zusatz „Mond" ver-

Unser Faschismus nebenan Das Titelbild wurde für das Buch von Günter Wallraff und Eckart Spoo „Unser Faschismus nebenan", Köln 1975, hergestellt aber vom Verlag nicht verwendet. Der Schriftsteller Günter Wallraff hatte am 10. Mai 1974 in Athen auf dem Platz der Verfassung gegen das griechische Militärregime demonstriert. Er war von Polizeibeamten niedergeschlagen und verhaftet worden. Das Buch beschreibt die Aktion, die Verhaftung und die Erfahrung im Gefängnis. Günter Wallraff gehört zu den wenigen, die den Begriff des „operierenden Künstlers" für ihre Arbeit ernst nehmen. Die historischen Vorbilder dieser Kunst in der Anfangsphase der Sowjetunion fielen den stalinistischen Verfolgungen zum Opfer. Wallraffs Aktion hat nebenher die Grenzen für die Wirkung dieser Kunstform heute offenbar gemacht. Staecks Titelbildentwurf arbeitet mit der Austauschbarkeit der Bildmaterialien. Zwar ist ein originales Pressephoto verwendet, aber aus Staecks Buch „Pornografie" aus dem Jahre 1971.

Offset Auflage: 20 Blindbände 1975

Vom Verlag verwendeter Buchtitel

Günter Wallraff/Eckart Spoo
Unser Faschismus nebenan
DIE WELT
Aktion Griechenland:
Ein Lehrstück für morgen

sehen; so daß die Schrift als Code für die optische Entschlüsselung des Gesehenen auftritt. (In der Regel ist das Verhältnis zwischen Schlüssel – Code – und zu Entschlüsselndem selbstverständlich komplizierter.) Betrachtet man jedes Kunstgebilde kommunikationstheoretisch als einen Text, beruht die Kunst der Textbildung darauf, innerhalb des Textes Umcodierungen vorzunehmen, die nicht von vornherein erkennen lassen, welcher Textteil als Schlüssel und welcher als zu Entschlüsselndes aufzufassen ist. Der Kunsttheoretiker Jurij M. Lotman hat diese Theorie voll ausgebildet. Auf der Anwendung dieser Technik sind Staecks Bildobjekte aufgebaut. Das einfache Verfahren erhält hier aber den besonderen Sinn, daß es in der einzelnen Plakataktion als Instrument einer kollektiven Sprachkritik verwendet wird, die sich die offenbare Unterscheidung zwischen Text und Bild zunutze macht. Die politische Partei baut mit enormen finanziellen Mitteln einen Kommunikationszusammenhang auf, in dem der Wähler das Bild des Namens „CDU" mit den Worten und den ihnen entsprechenden Gedanken „Fortschritt" und „Stabilität" verbindet („Wir bauen den Fortschritt auf Stabilität – CDU"). Staecks Plakat ändert lediglich den Code für die Entschlüsselung des Bildes „CDU". Wie empfindlich die Werbestrategie darauf reagiert, zeigte sich in dem Rechtsstreit, der darauf hinauslief, daß das Bild des Namens warenzeichenrechtlich geschützt sei, wie bei dem Waschmittel Persil. Trotzdem erwies sich diese Umcodierung für die CDU als unentrinnbar. Durch den Rechtsstreit wurde der neue Code – „Die Reichen müssen noch reicher werden" – für die öffentliche Entschlüsselung

Die Nelken brauchen jetzt Wasser Nach dem Militärputsch gegen das faschistische Regime in Portugal 1974 haben die portugiesischen Sozialisten in der Partei von Mario Soares alles getan, um die Entstehung eines Bürgerkrieges zu verhindern, um die Arbeit der verfassunggebenden Versammlung zu gewährleisten, und um demokratische Wahlen auf der Grundlage eines ausgebildeten Parteiensystems zu erreichen. Im Laufe des Jahres 1975 ist es ihnen gelungen, die Alternative aufzulösen, durch das Tempo der Veränderungen entweder einen Rechtsputsch zu provozieren oder selber Gewalt anwenden zu müssen, um die neu geschaffenen Elemente der parlamentarischen Demokratie zu erhalten. Die historische Auseinandersetzung zwischen der Sozialdemokratie und der kommunistischen Partei oder linkspopulistischen Bewegungen hat sich dabei exemplarisch wiederholt. Staecks Plakat gehört zu einer Solidaritätsaktion, die er 1975 gemeinsam mit der Redaktion des Mitgliedermagazins der SPD und dem Bundesvorstand der Jungsozialisten organisiert hat, um die Sammlung von Geldern für einen Solidaritätsfonds zu erleichtern. Willy Brandt ist der Vorsitzende des „Komitees für Freundschaft und Solidarität mit Demokratie und Sozialismus in Portugal", dem die Vorsitzenden sozialdemokratischer und sozialistischer Parteien Westeuropas angehören.

Offset   Auflage: Plakat 8200, Postkarte 12000   1975

Willy Brandt und Mario Soares in Frankfurt, 1975

Die Nelken
brauchen
jetzt Wasser
Solidarität
mit Portugal

des Bildes, das ihren Namen wiedergibt, in den Massenmedien als zu berichtendes Ereignis so oft wiederholt, daß es die CDU ein Vielfaches gekostet hätte, durch neue Werbestrategien den neuen Code innerhalb der öffentlichen Bildwelt so zu überblenden, daß dessen Wirkung eingeschränkt würde. Die Serie der Collagen „Der Wind hat sich gedreht" zeigt die Vollendung, die Staeck in seiner Technik der optischen Umcodierung in der Zwischenzeit, seit dem Wahlkampf 1972, erreicht hat. Jede einzelne Zeile einer Selbstanzeige der Zeitung „Die Welt", in der die öffentliche Diskussion einer politischen „Tendenzwende" dazu verwendet wird, um dem Blatt neue Leserschichten zu erschließen, wird mit einem Bild als Code belegt, der die Schriftzeile als Signal für die Gefahr der Rückkehr zu einer Herrschaft des Faschismus offenbar macht. Unter dem Leitsatz „Viele Menschen in unserem Land sind der ideologischen Herausforderung müde" werden die Leitbegriffe des verantwortungslosen Konservativismus optisch in den Zusammenhang mit ihrer historischen Verwandtschaft eingestellt: Die „Bewahrung des Bewährten" zeigt als Code das Bild des „Führers", die „Sicherheit vor radikaler Gewalt" das Bild des Konzentrationslagers, „Staat mit Autorität" die Abbildung des Reichsgerichtshofes, „Ordnung in Freiheit" das sehr bekannte Bild einer politischen Verfolgung, „Rückkehr zur Leistung" den damaligen „Reichsarbeitsdienst", „demokratische Solidarität" in der Gestalt der reaktionären Hoffnung erhält als Code das Bild vom kollektiven Taumel eines Kriegsausbruches, sich „von Ideologien ab und Idealen zu" zu wenden wird mit dem Bild der Bücherverbrennung

Flaschenpost

Informationen zum
Ehrverletzungsprozess Nestlé Alimentana SA
gegen Arbeitsgruppe Dritte Welt

Eigentlich erzählten wir der Firma Nestlé nichts Neues

Lactogen und Liebe ...

... und die Folgen

Nestlé geht zum Angriff über

Nestlé Der multinationale, in der Schweiz ansässige Nahrungsmittelkonzern Nestlé vertreibt auch in Entwicklungsländern Baby-Nahrung. Der Vertrieb wird durch eine aggressive Werbung unterstützt. Wegen der schlechten hygienischen Verhältnisse ist aber den Müttern nicht immer eine ausreichende Sterilisation der Saugflaschen möglich, so daß zusätzliche Infektionsquellen entstehen, während zugleich die natürliche Übertragung von Abwehrstoffen während des Stillens durch den Übergang zu der künstlichen Ernährung unterbrochen wird. Wegen des Analphabetismus kann häufig die Gebrauchsanweisung nicht gelesen werden, so daß eine unsachgemäße Zubereitung der zudem nicht in der erforderlichen Temperierung aufbewahrten Trockenstoffe für die Baby-Nahrung vorgenommen wird. Schließlich führt die Armut der Bevölkerung dazu, daß die Nahrung über das zulässige Maß hinaus gestreckt wird, so daß die Kinder an Unterernährung sterben. Alle diese Nebenfolgen sind dem Konzern bekannt, ohne daß er deswegen bereit wäre, auf die durch das Radio verbreitete Werbung zu verzichten. Als die Berner „Arbeitsgemeinschaft 3. Welt" die von Wissenschaftlern längst aufgedeckten Zusammenhänge zwischen dem kommerzialisierten Vertrieb von Baby-Nahrung und der Erhöhung der Säuglingssterblichkeit unter dem Begriff „Nestlé tötet Babys" der politischen Öffentlichkeit bekannt machen wollte, wurde sie von dem Konzern verklagt.

Offset Auflage: Plakat-Beilage zur „Flaschenpost" 25000 1975

Informationszeitung der AG 3. Welt (Bern) zum Nestlé-Prozeß, 1975

Der Aktionär ist das größte Säugetier

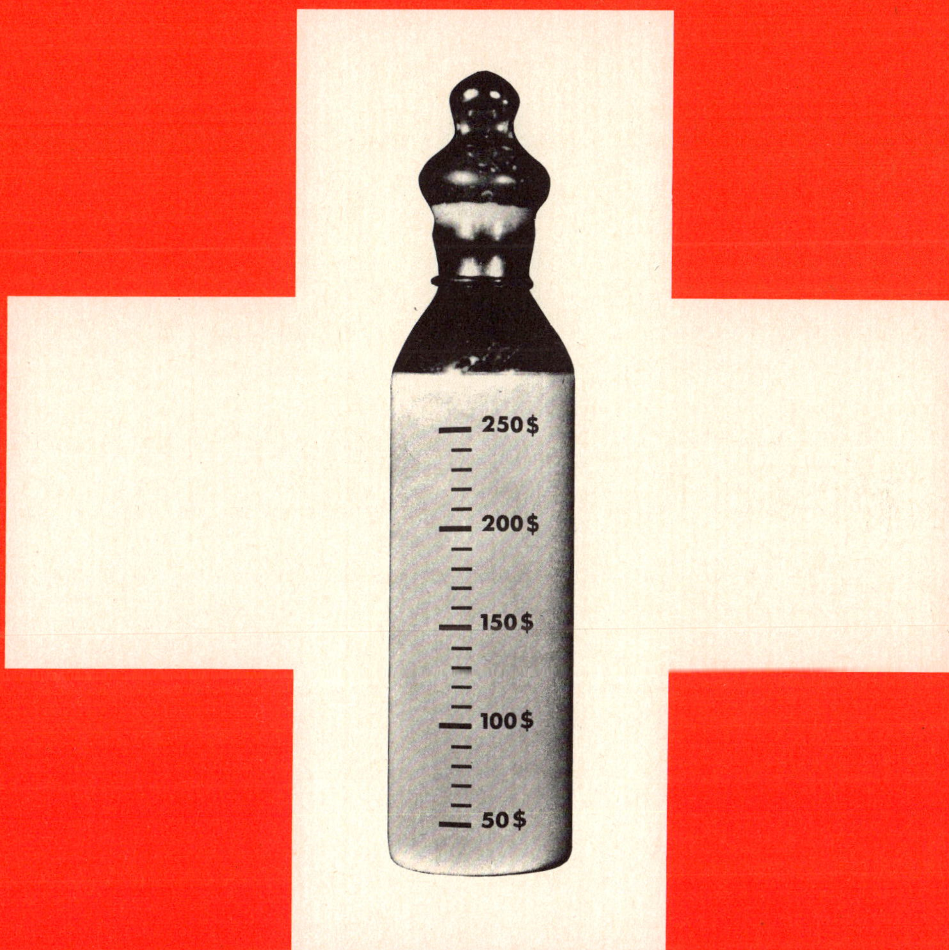

als seinem Code versehen, und die Erneuerung der Bereitschaft, „sich zu belasten“ mit der Abbildung der Trümmer des Deutschen Reichstages. In dem Sinnbild für die historische Zerstörung einer demokratischen rechtsstaatlichen Verfassung spricht die Serie der Collagen ihren emblematischen Grundcharakter aus, der dem anschauungslosen Wortgebrauch der Schlagwörter die Bildkraft ihres leeren Sinnes dadurch zuweist, daß er sie als Überschriften des Bildes einer geschichtlichen Welt als Trümmerlandschaft zeigt. „Gegen den Strich gebürstet“ werden dabei nicht die großen Kollektiva, „die Geschichte“, sondern vom einzelnen aktuellen Fall zum nächsten die durch die Massenmedien in die kollektiven Bildwelten hineingestellten, als Schrift gezeigten Wörter.

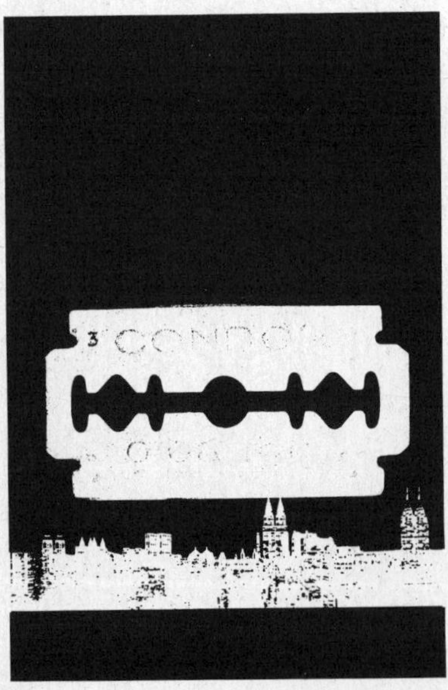

Das neue Pal Kennzeichen der Armut sind – abgesehen von der Arbeitslosigkeit – Unterernährung, unzulängliche Behausung, gesundheitliche Vernachlässigung und mangelnde Schulbildung. An diesen Kriterien gemessen befinden sich gegenwärtig in 100 verschiedenen Entwicklungsländern zwei Milliarden Menschen in Armut. 800 Millionen unter ihnen leben an der absolut unteren Grenze der Armut, an der die biologischen Lebensfunktionen aufhören. 1975 sind rund 45 Millionen Menschen verhungert. Staecks Plakat, ursprünglich ein Siebdruck in limitierter Auflage „Direkte Werbung II“, nimmt eine einfache Konfrontation vor. Die Originalwerbung für das Hundefutter „Pal“ arbeitet mit dem hohen Aufmerksamkeitswert, den Signale der Gefahr in unserer Wahrnehmungswelt einnehmen: das scharfe Knochenbeil des Schlachters, das mit einem Schlag die Dose entzweischlägt. Staeck benutzt die Wiedergabe dieses Signals. Durch die Konfrontation läßt er den Blick über den Rand des von der Konsumwerbung gemeinten Bildes hinausgelangen und auf die Bilder der Gesichter treffen. Wenn Erhard Eppler sagt: „Ob wir den Weg in die Zukunft finden, hängt vom Schließen der Lücke zwischen Realität und Bewußtsein ab“ (in: „Ende oder Wende“, Stuttgart 1975, S. 18), so hängt das Schließen dieser Lücke davon ab, ob wir Methoden finden, über den Rand der Bildwelten hinauszusehen, die uns umfangen.

Offset/Siebdruck Aufl.: Graphik 60, Plak. 2000, Postk. 20000 1971

New York II, Siebdruck, 1969

Das Neue PAL
Schlachtfrisch aus der Dose.
Lunge
Leber
Herz
Pansen
Muskelfleisch
Sie sehen selbst: herzhaft kräftiges Fleisch und nichts als Fleisch. In saftigen Stücken.
Nur bestes Fleisch kann sich in solchen Stücken zeigen.
Kein Wunder, daß sich beim Testfressen 96 von 100 Hunden begeistert auf das Neue PAL gestürzt haben.
Der Hund frißt Fleisch – am liebsten PAL.

Kapitel XII

Vor einem amerikanischen Gericht berichtete im Dezember 1969 der Dichter Allen Ginsberg, wie Abbie Hoffmann darüber geklagt habe, daß sich das politische Leben in ein „magisches Theater" umgewandelt habe; „die Art, wie die Massenmedien Gedanken und Vorstellungen manipulieren, verwirre und hypnotisiere die Bevölkerung und bringe sie dazu, sich mit einem Krieg abzufinden, an dessen Sinn sie in Wirklichkeit gar nicht glaubt". Der Prozeß fand statt, nachdem in Chicago sehr viele Demonstranten, die gegen die amerikanische Kriegführung in Vietnam aufgetreten waren, während des Kongresses der Demokratischen Partei von der Polizei niedergeschlagen worden waren. Sie hatten sich gegen das „magische Theater" aufgelehnt, das wie eine Bestätigung von Kafkas Prophetie der großen Bühne wirkt, die zu betrachten die Zuschauer lebenslang gefangen sind. Durch das Konzept der Kunst in der politischen Plakatkunst übernimmt die Kunst ihre Rolle auf dieser Bühne. Die reproduktiv-technischen Kommunikationsmedien korrespondieren der technisch-industriellen Universalisierung des zentralen Ausstellungsvorganges der Ware, in der die gesellschaftliche Produktion und die kollektive Destruktion zusammengehalten sind, ohne daß

Olympiade Die Olympischen Spiele 1972 in München waren als „heitere" Spiele konzipiert worden. Rechtzeitig vor dem Beginn trat eine eigens gegründete Vertriebsfirma „EDITION OLYMPIA 1972 GMBH" in München in Erscheinung, um die Werbekraft der olympischen Embleme für den Verkauf von „Kunstplakaten" auszunutzen. Sie bot Graphiken von Marini, Kokoschka, Lapicque, Potlakoff, Winter, Hartung, Antes, Jones, Chillicia, Anakawa, Lerrica, Soulages, Darazzio und Vasarely an; vierzehn schöne Bilder. Staeck übernahm exakt den formalen Aufbau der Bilder, fügte dem warenzeichenrechtlich geschützten Emblem der Spiele, den fünf Ringen in der Kombination mit der olympischen Spirale, den Abdruck der Silhouette eines Schlagringes ein und ersetzte die Kunst der Kunstplakate durch die Wiedergabe der photographischen Abbildung einer Folterszene. Die Firma „EDITION OLYMPIA 1972 GMBH" hat den Vertrieb des Staeck-Plakates sogleich verhindert und verlangt: „daß Sie Ihre Schadensersatzverpflichtung dem Grunde nach anerkennen, die daraus resultiert, daß Sie in schuldhafter Weise Rechte unserer Partei verletzt haben". Angedrohte Vertragsstrafe für jeden einzelnen Fall einer Verbreitung des Plakates: DM 5000; Begründung: „Sie verhalten sich ganz offensichtlich und vorsätzlich in besonderem Maße wettbewerbswidrig, indem Sie in einer gegen die guten Sitten ver-

Offset/Siebdr. Aufl.: Graphik 100, Plakat 750, Postk. 15500 1971

Originalplakat der Edition Olympia von Vasarely, 1972

Olympische Spiele München 1972

deren Zusammenhang erkennbar wäre. Der allgemeine Begriff für Staecks künstlerische Mittel lautet, daß Staeck der kollektiven Wahrnehmung dort, wo sie stattfindet: in den Medien innerhalb derer sie sich bewegt, Gebilde einschiebt, die optisch dissonant sind; Objekte, an denen sich für die Zweideutigkeit des Gesehenen die Augen öffnen. Die selbst technisch-reproduktiv, durch eine Kombination aus optischen Zitaten mit Schrift und Bild hergestellte Irritation, unterscheidet sich von dem Schock des Schockerlebnisses der Wahrnehmung in der Signalwelt der Gefahr. Staeck nimmt den taktilen Vorgang der sozialen Bildwelt, in dem wir uns befinden, zurück, indem er ein kurzes irritiertes Verharren vor dem Bildobjekt organisiert, das so lange dauert, wie die Irritation währt. In dieser kurzen Dauer entfernt der Betrachter Bild und Bild der Schrift, die in den seine Wahrnehmung berührenden Bildwelten ihn bedrängen, aus seiner unmittelbaren Nähe. Staeck verlegt den „transitorischen Augenblick" in den Blick, der innerhalb seiner gewohnten Umgebung auf etwas trifft, das für einen Augenblick die Ausdrücklichkeit eines entschlüsselnden Lesevorganges hervorruft. Das Lachen zeigt, wie dieses Lesen – exemplarisch, wenn auch nur für einen Augenblick – von der Macht des in der Alltäglichkeit Gesehenen befreit. Die Befreiung liegt darin zu sehen, daß die Bildwelten gemacht sind.

Horkheimer und Adorno haben in einer inzwischen klassisch gewordenen Studie über

stoßenden Weise an die Beschaffenheit und Herstellungsart der Editionen unserer Partei sich anhängen und den Eindruck erwecken, als handle es sich um die Erzeugnisse der EDITION OLYMPIA." Festgesetzter Streitwert: DM 50000. Staecks Plakat war im Jahr vor dem Beginn der Spiele, 1971, hergestellt worden. Nicht Staeck, die soziale Wirklichkeit der Spiele selbst hat dann die von der Firma „EDITION OLYMPIA 1972 GMBH" verkauften künstlerischen Produktionen als Gaukelwerke überführt. Die Wahrheit ist in diesem Fall die Unwahrheit in einer Kunst, die sich als Ornament und Schnörkelwerk zu dem Zweck verkauft, Illusionen aufzubauen.

Folter Nach der Erklärung der Menschenrechte durch die Vereinten Nationen 1948 wurde 1950 von den 17 Mitgliedstaaten des Europarates eine Europäische Konvention zum Schutze der Menschenrechte und Grundfreiheiten verabschiedet. Das Jubiläum 1975 wurde von der Münchner Kunstvertriebsgenossenschaft „10/9" dazu benutzt, Gelder für die internationale Hilfsorganisation Amnesty International zu sammeln, die in aller Welt politische Gefangene betreut. Staecks Plakat wurde als Verkaufsobjekt zur Verfügung gestellt, um das Spendenaufkommen zu erhöhen. Artikel 3 der Europäischen Menschenrechtskonvention lautet: „Niemand darf der Folter oder unmenschlicher oder erniedrigender Strafe oder Behandlung unterworfen werden."

Offset/Siebdruck Auflage: Plakat 2500, Postkarte 20000 1974
Originalplakat von Amnesty International

25 Jahre Menschenrechte
25 Jahre Folter

die „Dialektik der Aufklärung“ aus dem Jahre 1944 mit dem Hochmut einer soziologischen Methode den historischen Verfall der Aufklärung auf den Begriff einer geschichtlichen Notwendigkeit gebracht. Und es ist wahr, daß unter den Bedingungen der industriell entwickelten Gesellschaft Aufklärung andere Techniken erfordert als das Literaturgespräch im Austausch zwischen Bürgerstuben. Aber seiner im 18. Jahrhundert ursprünglich geläufigen Wortbedeutung nach bezeichnet Aufklärung eine Kunst des Sehens. Die historische Philosophie der Aufklärung hat dem die Einschränkung hinzugefügt: die Kunst des Sehens entsteht erst dann, wenn Du den Mut hast, Dich Deines eigenen Verstandes ohne Leitung eines anderen zu bedienen. Der eigene Verstand ist nicht das einzige, das die innere Einrichtung des Sehens regelt. Aber von dem Zweck der Kunst des Sehens wird unser Auge nur betroffen, wenn ihr Instrument das Auge an der Stelle trifft, an der sich der Strahl des Augenlichtes ohnehin befindet. In der industriell entwickelten Gesellschaft unterliegt die Tätigkeit, das Auge auszubilden, technisch-industriell hergestellten und politisch organisierten visuellen Strategien. Staecks Kunst ist vor anderen, gleich ernsten, Kunstbemühungen dadurch ausgezeichnet, daß sie sich nicht scheut, sich in diese Strategien zu versenken, und daß sie ein Darstellungsinstrument entwickelt, um ihnen in ihrer eigenen Technik zu begegnen. Staecks Kritik am Kunstbetrieb, die die Technik der Plakatkunst impliziert, bedient sich nicht der Rede von der gesellschaftlichen Isolation des Künstlers. Vielmehr hält Staeck diese Rede selbst für Traumgespinste, in denen verspätet an dem Typ

Fremdarbeiter Zu den Äußerungen, die der Streit um Staecks Beteiligung an der Londoner Kunstausstellung „Art into Society – Society into Art“ hervorgerufen hat, gehört auch eine Solidaritätsadresse von Ernst Bloch: „Die Karikaturen von Klaus Staeck stehen in bester Tradition von Goya, Daumier, Grosz, John Heartfield, Otto Dix und Masareel. Alle diese Künstler waren Kriegsgegner, durchschauten die herrschende Klasse, zeigten die wahren Gründe der Kriege, brandmarkten die Ausbeutung. Die Geschichte zeigte und zeigt, wie recht sie hatten.“ Aber der Begriff der Karikatur führt dabei in die Irre. Der Karikaturist ist eigentlich ein Zerr- und Spottbildner; die Karikatur ein Fratzengemälde; karikieren heißt „verzerren“, „übertreiben“; karikiert bedeutet „überladen“. Alle diese Begriffe gelten nur unter Einschränkungen für die Arbeiten von Klaus Staeck. Staeck säubert die visuelle Umwelt, die selber übertrieben, überladen ist und bloß ein künstlich hergestelltes Zerrbild der gesellschaftlichen Wirklichkeit darstellt. „Fremdarbeiter“ zeigt die künstlerische Reduktion des Bildobjektes auf einen Vorgang des Benennens, indem es die fachistische Verwendung des Erlösungssterns der Juden wiedergibt, ergänzt hier um die Nationalfarben Italiens. Das Blatt erschien in einer Kunstmappe „Fremdarbeitersituationen“ der Berliner Galerie Poll. Es wird zugleich als Plakat und Postkarte vertrieben.

Offset/Siebdr. Aufl.: Graphik 150, Plakat 3500, Postk. 10000 1974

Sozialpartner, RAN-Poster, Auflage: 123000, 1975

des Dandy aus dem 19. Jahrhundert festgehalten wird. Isoliert ist Staeck in seiner Werkstatt wie jeder Kleingewerbetreibende, der einen zum Teil vorindustriellen Handwerksbetrieb aufrecht erhält und dabei industriell produzierte Versatzstücke verwendet. Wenn jemand aus Kork, Kunststoff oder Blech Buchstaben herstellt, die er als Werbeschrift oder Glas als Leuchtreklame verkauft, ist er genauso isoliert; und wenn es am Monatsende mit den Wechseln Ernst wird, wird ihm jeder „Geschäftsfreund" zum Betrüger. Staeck senkt sich in diese Existenzform ein. Von anderen Künstlern unterscheidet er sich dadurch, daß er auf die unentrinnbare Umwandlung des Kunstgebildes in eine Ware schon vom Ansatz her und von der Produktionsform aus zugeht, ohne für sich und ohne für die Kunst Ausnahmesituationen zu verlangen. Staeck verzichtet auf die Nischen, auf mögliche Freiräume, die eine Gesellschaft sich als Luxus leisten könnte. Er stellt her, was der Markt hergibt. Auf diese Weise werden seine Bildobjekte ehrlich und genau. Das Wichtigste sei für ihn, hat er wiederholt gesagt, „ran an die Realität" zu gehen, „ganz nah ran". Er meint damit die Nähe zu einzelnen, konkreten politischen Problemen, die mit Namen genannt, deren Ort bezeichnet und deren bestimmbare Ursache gesehen werden kann. Aber diejenige Nähe, die er durchgängig und grundsätzlich erreicht, ist die zu dem konkreten Produktions- und Destruktionszusammenhang der marktwirtschaftlich organisierten, technisch-industriell produzierenden Gesellschaft. Er unterwirft den künstlerischen Produktionsprozeß denselben Zwängen, Abhängigkeiten und scheinbar anonymen Mächten, denen die Ge-

Die Ordnung Dem Bildobjekt liegt ein Originalphoto der französischen Sicherheitspolizei CRS zugrunde. Als Graphikedition wurde es im Format DIN A 0 (lebensgroß) gedruckt; außerdem wird es als Postkarte vertrieben. Für Staecks Buch „Pornografie" aus dem Jahre 1971 Anabas Verlag, Gießen, ist daraus der Umschlag entwickelt. Die Graphik geht von demselben Sachverhalt aus wie das Plakat „Baulöwe", das für das Deckblatt des hier vorliegenden Buches „Die Kunst findet nicht im Saale statt" verwendet worden ist: der in den hochindustrialisierten Ländern kollektiv geübte Vorgang der Auslöschung des Gesichts, in dem die Wirklichkeit, in der wir sind, und was sie für die anderen bedeutet, für uns selbst unkenntlich wird. Das „Pornografie"-Buch enthält einen umfangreichen Abschnitt, in dem nichts als originale Anzeigen aus Zeitschriften und Illustrierten wiedergegeben sind, in denen Kriegsgerät und Waffen als Konsumgüter gezeigt werden: Panzer, Flugzeuge, Schlachtschiffe und Kanonen. Die Anzeigen sollen die Leistungsfähigkeit der jeweiligen Industrieunternehmen illustrieren: die Armbanduhr für den alltäglichen Gebrauch, die düsenjägertauglich ist. Wer das Buch durchblättert, wird bemerken, daß ihm die Anzeigen erst hier begegnet sind und zuvor nicht aufgefallen waren.

Offset/Siebdruck Auflage: Graphik 40, Postkarte 12000 1970

„Pornografie", Bildband von Klaus Staeck, Anabas Verlag, 1971

sellschaft unterworfen ist. Eine seiner Fragen lautet: Was kommt für die Kunst dabei heraus, wenn sie sich den gesellschaftlichen Produktionsbedingungen rückhaltlos anbequemt? Und diese Frage ist vielleicht die wichtigste. Einige mäzenatische Ausnahmesituationen wären in jeder Gesellschaft und sind auch in der unsrigen immer möglich. Aber durch den Verzicht darauf, mögliche oder eingebildete Freiräume wahrzunehmen oder auszunutzen, gewinnt Staecks Kunst ihren spezifischen Realitätsgehalt: den Gehalt derselben Wirklichkeit, der auch die anderen Menschen, die sich nicht als Künstler denken, unterworfen sind. Was sie dabei zeigt und in den öffentlichen Wahrnehmungsraum hinein exemplarisch ausstellt, ist das Erfordernis von technisch-industriell hergestellten und politisch organisierten visuellen Strategien, um dem, was in der Wirklichkeit verheerend sein mag, zu begegnen.

Die von dem Künstler und Kunsttheoretiker Paul Valéry eingenommene Position, auf die sich Walter Benjamin in der Abhandlung über das „Kunstwerk im Zeitalter seiner technischen Reproduzierbarkeit" nebenher bezieht, wird von Benjamin in einer anderen Schrift als einer der „vorgeschobensten Punkte des alten europäischen Humanismus" ausgezeichnet. Auf diesem Punkt stünde Valéry wie seine literarische Figur, Herr Teste, „aufrecht da, der Mann auf dem Kap des Denkens, Ausschau haltend, so scharf er kann, nach den Grenzen der Dinge oder der Sehkraft". Paul Valéry vertritt

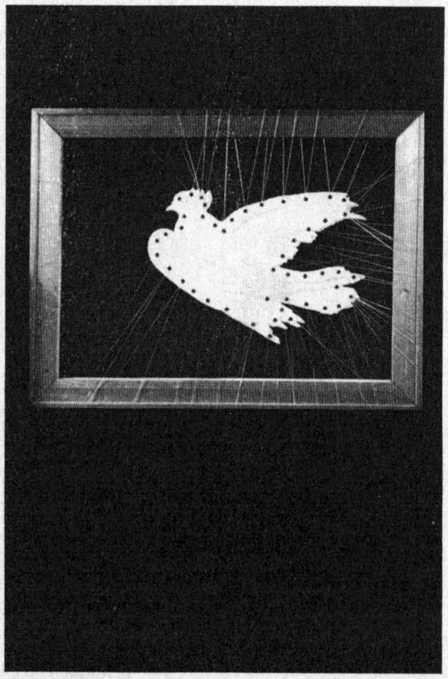

Friedenstauben Das Photo wurde in der Zoo-Abteilung eines New Yorker Kaufhauses während des Winterschlußverkaufes 1974 aufgenommen. Die Plakatauflage wird vor allem von Arbeitsgruppen der internationalen Hilfsorganisation Amnesty International verwendet. Die Abbildung links zeigt ein Demonstrationsobjekt Staecks aus dem Jahre 1969: „Frieden, Hommage à Picasso". „Homage" lautet der unter Künstlern gebräuchliche Ausdruck für den Akt einer ehrenden Zueignung, der zum Ausdruck bringt, daß die Arbeiten des Geehrten als unerreichbar gelten. Das zugrunde liegende Wort Homagium bedeutete zu seiner Zeit die Lehenspflicht. Das Objekt ist nicht multiplizierbar. Zwischen der Herstellung des Objektes und der des Plakates liegt die Einsicht, daß sich in den technisch hergestellten Bildwelten der Massenmedien, die unseren alltäglichen Wahrnehmungsraum bestimmen, das politische Leben in ein magisches Theater umwandelt. Die Rollen, die wir dabei selber spielen, können wir sehr wohl verstehen; aber nur wenn wir in neuen Anstrengungen der künstlerischen Arbeit lernen, die Bilder nicht als Wirklichkeit, sondern als die Abbildungen der Kulissen wahrzunehmen.

Siebdruck/Offset Auflage: Plakat 500, Postkarte 10000 1974

Frieden, Hommage à Picasso, Objektbild, 1969

peace doves
18.95 Pair

eine sehr strenge These. Die Reflexion Pascals, heißt es in dem Essay über „Tanz, Zeichnung und Degas", in der Kunst des Zeichnens nur das eitle Bestreben anzuerkennen, „mit vielem Fleiß der Ähnlichkeit der Dinge nachzugehen, deren Anblick um ihrer selbst willen sich nicht lohnt", sei falsch; sie beweise lediglich, daß Pascal nicht imstande gewesen sei zu sehen. Denn Sehen heißt, sagt Valéry, „die Namen des Gesehenen zu vergessen". Zeichnen ist eine Schule für den Vorgang des sehenden Vergessens, weil, indem wir zeichnend sehen, wir das Gesehene nicht mit den vorgegebenen Wörtern zu bezeichnen haben. Nun könnte man darüber klagen, daß es mit der Kunst des Zeichnens, in der unmittelbaren Koordination von Seele, Auge und Hand, heute nicht sehr gut bestellt ist. Aber Valéry hebt diese Kunst hervor, um sie als die handwerkliche Schule für ein Sprachverhalten zu kennzeichnen (ähnlich wie Günter Grass vielleicht nach dem Vorbild Gottfried Kellers zeichnet, um für sich persönlich die verbale Darstellungsfähigkeit zu schulen). Sie hilft, uns aus der zu unserer Natur gewordenen Verbindung mit den Wörtern zu erlösen. Worte sind für Valéry das tote Material, ein im allgemeinen schmutziges Stück Papier, wie eine Banknote. „Dieses Papier ist durch so viele Hände gegangen. – Aber die Worte sind durch so viele Münder gegangen, durch so viele Sätze, so viele Bräuche und Mißbräuche, daß die ausgesuchtesten Vorsichtsmaßregeln not tun, um eine zu große Verwirrung in unseren Geistern zu vermeiden zwischen dem, was wir denken oder denken möchten, und dem, was das Wörterbuch, die Autoren und im übrigen das ganze Menschengeschlecht seit dem

Die Kunst der 70er Jahre Das Plakat wurde während der Kölner Kunstausstellung „Projekt'74" („Kunst bleibt Kunst") 1974 als der offizielle Ausstellungsbeitrag Klaus Staecks an den Litfaßsäulen der Stadt Köln angeschlagen. Staeck hält das Schlagwort von der politischen Kunst für einen nivellierenden Begriff. „Wie ein Redner eben redet, so mache ich Bilder, hier in Form von Plakaten." Die Plakatkunst Staecks „ist" nicht politisch, sondern sie operiert politisch, indem sie wie ein chirurgisches Besteck visuelle Einschnitte in die öffentliche Wahrnehmungswelt vornimmt, in der Methode des optischen Zitates Abstriche anfertigt und die Schnitte in der Technik der Montage einer mikroskopischen Betrachtung unterwirft. Das Wasser aus der Wasserleitung sieht auch ganz anders aus, wenn man es unter Zuhilfenahme optischer Geräte genau ansieht. Wir sollten einen Augenblick über das nachdenken, was wir denken, wenn wir sagen: jemand oder ein Ereignis hat uns die Augen „geöffnet". Sind unsere Augen zu? Wir sagen, daß wir plötzlich irgend etwas „mit ganz anderen Augen sehen". Was hat sich geändert? Wodurch ist es geändert worden? Und zu welchem Zweck wurde die Veränderung herbeigeführt?

Siebdruck Auflage: Plakat 1250, Postkarte 20000 1974

Plakataktion anläßlich der Kunstaustellung „Projekt' 74" Köln, 1974

Die Kunst der 70er Jahre findet nicht im Saale statt

10. Mai 1974, 14.25 Uhr Athen Platz der Verfassung Geheimpolizisten haben den Kölner Schriftsteller und Journalisten Günther Wallraff während einer Flugblattaktion zu Boden geschlagen. Sein Gesicht ist völlig zugeschwollen. Er blutet aus einer klaffenden Wunde am Hinterkopf.

Anbeginn der Sprache wollen, daß wir denken sollen.“ Eine solche „ausgesuchteste Vorsichtsmaßregel“ ist für ihn die Kunst, das Sehen herzustellen, um uns aus dem zu unserer Natur gewordenen Sprachverhalten im Gebrauch der anschauungslos entleerten Wörter zu befreien. Nun ist es also wohl an dem, daß die Menschen in der industriell entwickelten Gesellschaft, nachdem die handwerkliche Kunst des Zeichnens nicht zur Verfügung steht, eine andere künstlerische Technik brauchen, um, statt unbesehen in den Kommandos der tot gebrauchten Wörter sich der Dinge und der Menschen zu bemächtigen, gesellschaftlich die Sehkraft auszubilden.

Lesung Das Plakat „Die Reichen müssen noch reicher werden“ hatte 1972 zu mehreren Rechtsstreitigkeiten mit der CDU geführt. In diesem Zusammenhang wurde am 20.1.1973 im Rahmen einer allgemeinen Ausstellungsreihe des Heidelberger Kunstvereins in der Gartenhalle des Kurpfälzischen Museums die Veranstaltung organisiert, die das Plakat ankündigt. Die „Lesung aus Gerichtsurteilen in eigener Sache“ dauerte – vor mehr als 500 Zuhörern – mehr als fünf Stunden. Gegenüber dem Kölner Kunstkritiker Walter Vitt hat Staeck 1974 erklärt: „Ich habe den traditionellen Künstler in all seiner aufgeblasenen Traurigkeit noch nie für ein erstrebenswertes Ziel gehalten. Nicht zuletzt aus diesem Grunde habe ich von Anfang an einen anderen Beruf erlernt“; den des Rechtsanwaltes. Freunde, die Staeck von Kindheit an kennen, nennen ihn gelegentlich einen „Gerechtigkeitstyp“. Die öffentliche Erscheinungsform für das intensive Verlangen nach Gerechtigkeit ist aber die Polemik. Deshalb hat die Kunst der Polemik von Hause aus eine forensische Qualität: sie dient dem Gericht, um die Gefahr des falschen Spruches abzuwehren. Dafür ist jedes Mittel recht; denn erst die Bilanz über der Summe aller Mittel ergibt den Widerspruch. „Ein Tun ohne Widerspruch könnte ich zur Zeit nur auf der berühmten einsamen Insel führen. Da ich kein Jäger und Fischer bin, würde ich dort sicher verhungern. Wem würde das nützen?“

Siebdruck Auflage: Plakat 400 1973

Plakatanschlag an der Universität Heidelberg, 1973

LESUNG:
KLAUS STAECK
liest aus Gerichtsurteilen in eigener Sache.

Samstag, 20. 1. 73, 19 Uhr
Kunstverein, Gartenhalle des Kurpfälzischen Museums Heidelberg

Literaturhinweise zum Text

1. Der Aufsatz von Walter Benjamin „Das Kunstwerk im Zeitalter seiner technischen Reproduzierbarkeit" ist in Band I/2 der Ausgabe: **Walter Benjamin**, „Gesammelte Schriften", unter Mitwirkung von Th. W. Adorno und Gershom Scholem herausgegeben von Rolf Tiedemann und Herrmann Schweppenhäuser, Frankfurt 1972ff, abgedruckt (S. 471ff bzw. 431ff). In demselben Band ist auch der Aufsatz „Über einige Motive bei Baudelaire" wiedergegeben (S. 605ff). Solange die Ausgabe der „Gesammelten Schriften" nicht vollständig vorliegt, ist der Text des Vortrages „Der Autor als Produzent" allein in der Ausgabe: **Walter Benjamin,** „Versuche über Brecht", Frankfurt 1966 (edition suhrkamp 172), zugänglich (S. 95ff). Der Aufsatz „Eduard Fuchs, der Sammler und der Historiker" ist in der Separatausgabe: **Walter Benjamin**, „Das Kunstwerk im Zeitalter seiner technischen Reproduzierbarkeit", Frankfurt 1963 (edition suhrkamp 28), zusammen mit dem Aufsatz „Kleine Geschichte der Photographie" und dem Reproduktionsaufsatz abgedruckt (S. 95ff). Der auf S. 62 zu dem Begriff der „Aura" herangezogene wahrnehmungstheoretische Experimentiertext ist abgedruckt in: **Walter Benjamin**, „Über Haschisch, Frankfurt 1972 (suhrkamp taschenbuch 21), S. 106ff, das Zitat S. 107. Die auf S. 168 zitierte Äußerung über Valéry ist Benjamins Text „Paul Valéry" entnommen, in: **Walter Benjamin**, „Über Literatur", Frankfurt 1970 (Bibliothek Suhrkamp), S. 66ff, das Zitat S. 71. In derselben Ausgabe ist auch Benjamins Aufsatz „Zum Bilde Prousts" wiedergegeben, der oben auf S. 36 herangezogen worden ist.

2. Dem wahrnehmungs- und sprachtheoretischen Ansatz des Textes „Das Konzept der Kunst in der politischen Plakatkunst" liegt durchgängig ein bestimmter Hinblick auf Benjamins Barocktheorie zugrunde, ohne daß das im einzelnen kenntlich gemacht worden wäre. Die Barocktheorie ist dargestellt in Benjamins Buch „Ursprung des deutschen Trauerspiels". Der Text dieses Buches ist wiedergegeben in Band I/1 der „Gesammelten Schriften". Der Ansatz entstammt einer noch nicht abgeschlossenen Forschungsarbeit des Autors über „Die Trauer in der Struktur der Texte Walter Benjamins". Grundsätzlich darf hingewiesen werden auf die Arbeit von **Liselotte Wiesenthal**: „Zur Wissenschaftstheorie Walter Benjamins", Frankfurt (Athenäum Verlag) 1973. Die Ergebnisse Wiesenthals betreffen zwar nicht unmittelbar die hier dargestellten Sachverhalte der Theorie Walter Benjamins; aber Wiesenthal hat das Verdienst, den Zusammenhang der theoretischen Entwicklung Benjamins mit der Lebensphilosophie einerseits und mit der erkenntniskritischen Philosophie andererseits positiv hervorgehoben zu haben. Sie unterscheidet sich darin von dem Ansatz Adornos und der Adorno-Schule, insbesondere bei **Rolf Tiedemann**, „Studien zur Philosophie Walter Benjamins", Frankfurter Beiträge zur Soziologie, Bd. 16, Frankfurt 1965. Daß die vorliegende wie jede Arbeit über Walter Benjamin Th. W. Adorno (vgl. **Th. W. Adorno:** „Über Walter Benjamin", Frankfurt 1970 [Bibliothek Suhrkamp 260]), Tiedemann und Gershom Scholem viel verdankt, ist selbstverständlich (für Scholem siehe jetzt: **Gershom Scholem,** „Walter Benjamin – Die Geschichte einer Freundschaft", Frankfurt 1975 [Bibliothek Suhrkamp 467]). Grundlegend ist im übrigen, wenn auch kritisch zu verwenden, der Sammelband: „Zur Aktualität Walter Benjamins", aus Anlaß des 80. Geburtstages von Walter Benjamin herausgegeben von **Siegfried Unseld,** Frankfurt 1972 (suhrkamp taschenbuch 150). Im übrigen darf hingewiesen werden auf die Darstellung in der Dissertation von **Helmut Pfotenhauer,** „Ästhetische Erfahrung und gesellschaftliches System", Untersuchungen zum Spätwerk Walter Benjamins, Stuttgart 1975, insbesondere S. 76ff. Pfotenhauers Kritik an Benjamins Auffassung erscheint mir allerdings nicht fundiert. Für die oben S. 150 erwähnten „neueren Forschungen" verweise ich hier auf **Jacques Derrida**, „Grammatologie", Frankfurt 1974. Die auf S. 154 erwähnte kommunikationswissenschaftliche Texttheorie ist dargestellt in: **Jurij M. Lotman**, „Die Struktur des künstlerischen Textes", Frankfurt 1973 (edition suhrkamp 582). Bei dem auf S. 162 erwähnten Begriff des „transitorischen Augenblickes" handelt es sich um einen terminus technicus aus der Kunsttheorie **Gotthold Ephraim Lessings**, in: „Gesammelte Werke", Berlin und Weimar 1968, Band 5, insbesondere S. 28ff (in: „Laokoon, oder über die Grenzen der Malerei und Poesie"). Zu dem oben S. 150 gegebenen Hinweis auf das Spätwerk Paul Klees vgl. **Paul Klee**, „Die Ordnung der Dinge", Bilder und Zitate, zusammengestellt und kommentiert von Tilmann Osterwold, Stuttgart 1975 (Verlag Gerd Hatje), vor allem die Abbildungen in den Abschnitten „Schrift-Bilder" (S. 176f), „Sprechende Zeichen" (S. 174f) und „Die Ordnung der Zeichen" (S. 178f), „Entstehung und Wachstum" (S. 180f), „Die lebendige Schöpfung" (S. 182f).

3. Durchgehend benutzt, wenngleich um die Arbeit von Anmerkungen freizuhalten ohne Hinweis im einzelnen, wurde die grundlegende Theorie des Wahrnehmungsraumes für Kunstgebilde von **Daniel Buren**, deutsch aus Kassettenpublikation im Anschluß an eine Ausstellung im Städtischen Museum Mönchengladbach, Januar bis März 1971. Die Titel der Ausarbeitungen Burens lauten: „Position – Proposition" und „Das ausgestellte Museum". In einzelnen Punkten habe ich ohne besonderen Quellenhinweis **Jack Burnhams** Abhandlung „Kunst und Strukturalismus" herangezogen, Köln 1973, allerdings ohne meine Auffassung in jeder Hinsicht mit Burnhams Theorie zur Kunst Marcel Duchamps zu identifizieren. Generell darf hingewiesen werden auf die freilich nicht immer sehr klaren Abhandlungen in „Visuelle Kommunikation", Beiträge zur Kritik der Bewußtseinsindustrie, herausgeg. von **H. K. Ehmer**, Köln 1973, und auf die im Scriptor Verlag erscheinende Zeitschrift „Ästhetik und Kommunikation".

4. Als Quellen, um das Verhältnis zwischen den Arbeiten Staecks und den Montagen John Heartfields zu bestimmen, wurden benutzt: **John Heartfield**, „Leben und Werk“, dargestellt von seinem Bruder **Wieland Herzfelde**, 2. Auflage Dresden 1970; **John Heartfield**, „Krieg im Frieden“, Photomontagen zur Zeit 1930–1938 in der Ausgabe München 1972, Reihe Hanser 103; und der Katalog der Ausstellung **John Heartfield** 1891–1968, 12. April bis 25. Mai 1975 im Van Abbe-Museum Eindhoven, in Zusammenarbeit mit der Akademie der Künste der DDR. Zur Geschichte des Dadaismus informiert übersichtlich: **Willy Rotzler**, „Objekt – Kunst, von Duchamp bis zur Gegenwart“, Köln 1975.

5. Ein Einblick in die Arbeiten des russischen Konstruktivismus ist jetzt am leichtesten möglich durch die deutsche Ausgabe der Abhandlung und Dokumentation des polnischen Kunstwissenschaftlers **Szymon Bojko**: „Rot schlägt Weiß“, München 1972, Reihe Hanser 185. Hier ist auch auf Seite 181f ein Verzeichnis der heute zugänglichen Publikationen zur russischen Avantgarde wiedergegeben. Die Zitate **El Lissitzkys** oben S. 122 sind dieser Ausgabe entnommen (S. 19ff). Das oben auf S. 38 erwähnte Originalplakat zu Eisensteins Film „Panzerkreuzer Potemkin“ ist auf den Seiten 84/85 abgebildet.

6. Die Bemerkungen zu Albrecht Dürer und der politischen Funktion des „Narrenschiffes“ als Maßstab für die Beurteilung des Verhältnisses zwischen Politik und Kunst auf den Seiten 130ff beruhen auf unveröffentlichten Forschungen des Autors zur Kunst des frühen Humanismus. Einige Beispiele der Arbeiten Dürers aus dem Zusammenhang mit dem „Narrenschiff“ von Sebastian Brant sind in dem Katalog: **„Albrecht Dürer, 1471/1971“**, München 1971 zur Nürnberger Jubiläumsausstellung 1971, S. 93ff, wiedergegeben. Die Bemerkungen im Text des Kataloges, S. 92f und die hier angegebene Literatur sind allerdings unzureichend (der spätere Kanzler der Stadt Straßburg wird sogar als „Stubengelehrter“ bezeichnet). Zu Dürers Militärzeichnungen vgl. die „Befestigungslehre“, dazu im Katalog S. 360f und in der Ausstellung selbst den Plan der (zerstörten) Aztekenstadt Tenochtitlan (Hinweis darauf ebenda). Die im Zusammenhang mit der Erwähnung des Bauernkrieges auf S. 142 wiedergegebene Äußerung Ernst Blochs ist entnommen: **Ernst Bloch,** „Thomas Münzer“, in der Ausgabe Frankfurt 1967 (Bibliothek Suhrkamp 77), S. 93. Im übrigen wird als bekannt vorausgesetzt, daß graphisch hergestellte Flugschriften im Bauernkrieg eine große Rolle gespielt haben. Darüber informiert: **Wolfgang Hütt**, „Deutsche Malerei und Graphik der frühbürgerlichen Revolution“, Leipzig 1973. Für die Erforschung der politischen Ziele der Humanisten sind die Arbeiten des Historikers und Reuchlin-Preisträgers 1975 **Reinhart Koselleck** vorbildlich.

7. Die auf Seite 160 herangezogene Äußerung Allen Ginsbergs/Abbie Hoffmanns ist dem Buch: „Aktionen, Happenings und Demonstrationen seit 1965“, eine Dokumentation von **Wolf Vostell,** Rowohlt Verlag Reinbek 1970, entnommen. Unter dem Stichwort „Ginsberg“ ist gegen Schluß des Bandes ein Protokoll der Gerichtsverhandlung veröffentlicht. Die auf Seite 124 erwähnte Künstlergruppe „Liga gegen den Imperialismus“ hat ihre Auffassung dokumentiert in: „Kunst im antiimperialistischen Kampf der BRD und Westberlin“, herausgegeben von dem Autorenkollektiv **Katharina Hiltmann, Jochen Hiltmann, Hans-J. Lenger**, Oberbaumverlag Berlin o. J. Die Kritik der Gruppe an den Arbeiten Klaus Staecks befindet sich auf den Seiten 49 bis 58. Die politisch zur KPD gehörende Gruppe hat 1975 in Berlin eine Demonstration gegen eine Ausstellung der Arbeiten Staecks organisiert. Die Demonstration und die dabei verwendeten Arbeiten der Gruppe, die einige Plakate Staecks verfremdem, sind dokumentiert in: „Kämpfende Kunst“, Zeitschrift der Initiative zur Gründung einer Vereinigung sozialistischer Kulturschaffender, 1. Jahrgang, Nr. 3, März 1975, S. 7/8. In dieser Ausgabe werden übrigens einige Graphiken aus der Zeit des Bauernkrieges wiedergegeben, zusammen mit einer theoretisch unberatenen Textbeilage der Art: „Die symbolische Zwingburg steht in einer Landschaft deutschen Charakters; zwischen Bäumen und Gebüsch werden Bauernhütten sichtbar, und ein kleines befestigtes Städtchen ist angelehnt an einen Bergrücken.“ „Wie ein Standbild auf dem Sockel steht der Tyrann auf dieser Burg“ (S. 18f).

8. Grundlegend sind die Kataloge der Ausstellungen: **„Kunst und Politik“**, Badischer Kunstverein Karlsruhe, herausgegeben von Georg Bussmann, 1970; **„Kunst im politischen Kampf**, Aufforderung – Anspruch – Wirklichkeit“, Kunstverein Hannover, herausgegeben von Helmut R. Leppien; **„Art into Society – Society into Art“**, Seven German Artists, Institute of Contemporary Arts, London 1974, herausgegeben von Christos M. Joachimides und Norman Rosenthal. Das oben auf S. 44 erwähnte „Gemälde“ Paduas „Der Führer spricht“ ist in dem Katalog: **„Kunst im 3. Reich** – Dokumente der Unterwerfung“, Frankfurter Kunstverein, 1974, herausgegeben von Georg Bussmann, abgebildet (S. 135).

9. Durchgängig benutzt wurde die Dokumentation: **Klaus Staeck**, „Die Reichen müssen noch reicher werden“, Politische Plakate, herausgegeben von **Ingeborg Karst**, Rowohlt Verlag, Reinbek 1973 (das neue buch 40). Der auf S. 20 herangezogene Aufsatz von **Jens Christian Jensen** ist unter dem Titel „Über die Druckgrafik von Klaus Staeck“ in: Ruperto Carola, Zeitschrift der Freunde der Studentenschaft der Universität Heidelberg e.V. erschienen, 20. Jahrgang, Band 43/44, Juni 1968. **Georg Bussmanns** früher Aufsatz über Staeck, oben S. 40 herangezogen, ist erschienen in „folia 14“, Blätter aus dem Studentenwohnheim I am Klausenpfad, herausgegeben von Dieter Schuller und Jochen Goetze, Heidelberg 1967, S. 4. (Der Textanteil Bussmanns beginnt mit Zeile 20 der rechten Spalte.) Die Ausgabe 15 derselben Zeitschrift desselben Jahres gibt einen

Einblick in Staecks oben, S. 72, dargestelltes damaliges Interesse an der Aktionskunst. Die Ausgabe ist unter Staecks im Impressum ausgewiesenen Mitarbeit hergestellt und dokumentiert Arbeiten von **Beuys, Fluxus in der Politik, Vostell, Edo Jansen** und **Dick Higgins.** Eine kurze, informative Übersicht über den Aspektenreichtum dieser Kunst gibt der Bericht von **Georg F. Schwarzbauer:** „Die Dokumentationssammlung Sohm, Eines der wichtigsten Archive für Materialien der modernen Kunst", in der Zeitschrift Magazin Kunst, 15. Jahrgang, Nr. 4, 1975, S. 66ff. Die Sammlung selbst befindet sich in Markgröningen, Kreis Ludwigsburg. Über Beuys informieren **Götz Adriani, Winfried Konnertz, Karin Thomas:** Joseph Beuys, Köln 1974 und **Lothar Romain, Rolf Wedewer:** Über Beuys, Düsseldorf 1971. Die kleine Schweizer Zeitschrift „der Löwe", herausgegeben und redigiert von Dr. G.J. **Lischka**, Ch-3000 Bern 8, Postfach 220, veröffentlicht regelmäßig aktuelle, kurz kommentierte Bibliographien zur modernen Kunst, die von mir herangezogen wurden, insbesondere Nr. 5 vom 31. Juli 1975, zu: „Realismus, konkrete Kunst und der intermediäre Aktionismus". Im übrigen enthält der oben S. 144 erwähnte Katalogbeitrag **Gustav Metzgers** zur Ausstellung „Art into Society – Society into Art" eine vorzügliche Literaturübersicht zu dem Thema Kunst und Kunsthandel (S. 82ff).

10. Soweit für die Mitteilung politischer Sachverhalte nicht offenbare und jedermann zugängliche Quellen verwendet wurden, die nicht eigens nachgewiesen zu werden brauchen, habe ich Unterlagen aus der SPD-Parteiorganisation herangezogen (Mitglieder-Magazin, Informationsdienst „Intern"). Das auf S. 118 und S. 158 erwähnte Buch von **Erhard Eppler**: „Ende oder Wende, von der Machbarkeit des Notwendigen", ist 1975 im Verlag Kohlhammer in Stuttgart erschienen. Der auf S. 158 herangezogene Begriff der Armut und die ihm entsprechenden Zahlen beruhen auf den Definitionen und Annahmen, die von der Internationalen Bank für Wiederaufbau und Entwicklung, Washington, verwendet werden. Der Wortlaut des auf S. 80 verwendeten Interviews mit dem berühmt gewordenen Wort von **Heinrich Böll** zu dem Begriff der „Tendenzwende" (ursprünglich in dem Fernsehmagazin „Titel – Thesen – Temperamente", 8.1.1975) ist erschienen in: Ingeborg **Karst** (Hg.): Der Fall Staeck oder wie politisch darf die Kunst sein? Eine Dokumentation mit Beiträgen von Heinrich Böll, Lothar Romain, Caroline Tisdall, Dieter Lattmann, Hans Arnold, Verlag Gerhard Steidl Göttingen 1975, S. 45ff. **Heinrich Bölls** Rede aus Anlaß der Verleihung der Ossietzky-Medaille, oben S. 90, ist abgedruckt in der Wiener Zeitschrift „Neues Forum", Heft 253/254, Januar/Februar 1975, S. 3ff. – Während der Ausarbeitung des Gesamttextes hat mich **Jürgen Manthey** vom Rowohlt Verlag, Herausgeber der Reihe „das neue buch", beraten. Die in der folgenden Bibliographie Klaus Staeck verzeichneten Publikationen von und über **Klaus Staeck** wurden verwendet.

Bibliographie Klaus Staeck

1. Bücher

Staeck, Klaus: Konsumgedenktage '68 (Kalender), Heidelberg 1967 (Edition Tangente)

Staeck, Klaus / **Goetze,** Jochen: Intermedia '69, Heidelberg (Edition Tangente)

Staeck, Klaus: NPD / SIEG / HEIL (Objektbuch), Heidelberg 1969 (Edition Tangente)

Staeck, Klaus: Inflationsgerede – Staeck und Konsorten (12) Aktion: Inflationsgerede – Macht durch Angst. Katalog – Dokumentation, Heidelberg 1971

Staeck, Klaus: Pornografie, Steinbach 1971 (Anabas Verlag Kämpf)

Staeck, Klaus (Hg.): Befragung der Documaenta oder Die Kunst soll schön bleiben, Göttingen 1972 (Steidl Verlag)

Staeck, Klaus / **Karst,** Ingeborg (Hg.): Plakate abreißen verboten! Politische Plakate im Bundestagswahlkampf 1972, Göttingen 1972 (Steidl Verlag)

Karst, Ingeborg (Hg.) / **Staeck,** Klaus: Die Reichen müssen noch reicher werden, das neue buch Nr. 40, Reinbek 1973 (Rowohlt)

Karst, Ingeborg(Hg.): Der Fall Staeck oder Wie politisch darf die Kunst sein?, Göttingen 1975 (Steidl Verlag)

2. Buchillustrationen

Heinrich **Böll** / Klaus **Staeck**: Gedichte / Collagen, Köln 1975 (Labbé und Muta Verlag)

Werner **Dürrson** / Klaus **Staeck**: „13 Gedichte" mit Holzschnitten Paßgänge VIII, Stierstadt 1965 (Eremiten-Presse)

Gabriele **Wohmann**: Der Fall Rufus. Ein Elternabend, Stierstadt 1971 (Eremiten-Presse)

Günter **Wallraff** / Jens **Hagen**: Was wollt ihr denn, ihr lebt ja noch, das neue buch 37, Reinbek 1973 (Rowohlt)

3. Beiträge in Büchern und Zeitschriften (Auswahl)

Autorenkollektiv: Chile – Gesang und Bericht, Halle/Saale 1975 (Mitteldeutscher Verlag)

Bongard, Willi / **Mende,** Matthias: Dürer heute, München 1971 (Moos Verlag)

Dickerhoff, Urs: Ein Journal für bessere Tage, Bern 1973 (DG + R-Edition)

Gorsen, Peter: Sexualästhetik, das neue buch 7, Reinbek 1972 (Rowohlt)

Groh, Klaus (Hg.): If I had a mind . . . , Köln 1971 (DuMont-Verlag)

Hülsmanns, Dieter / **Reske,** Fridolin: Der Seel ein Küchel, Düsseldorf 1974 (Eremiten-Presse)

Gruppe **Interfunktion**: Documenta-Dokumentation, Interfunktion Nr. 1, Köln 1968

Lischka, Gerhard: Idols, Bern 1972 (Zürcher Verlag)

Ludger, Wilhelm: Progressive Realisten in der BRD, in: Bildende Kunst Heft 9 /1975, Berlin/DDR

Niggl/d'Orville/Prem: Omnibus News 1, München 1969 (Selbstverlag)

Otto, Gunter: Didaktik der ästhetischen Erziehung, Braunschweig 1974 (G. Westermann-Verlag)
Poinsot, Jean-Marc: Mail Art, Paris 1971 (Edition CEDIC)
Sarenco (Hg.): Numero monografico su Klaus Staeck, Lotta Poetica Nr. 40/41, Brescia 1974
Sliwka, Klaus: Aspekte zum Unterrichtsfeld Bildende Kunst – Visuelle Kommunikation, Köln 1971 (DuMont-Verlag)
Tress, Horst: Angst, Köln 1971
Vostell, Wolf: Aktionen, Reinbek 1970 (Rowohlt)
Staeck, Klaus: in Katalog: Kunst und Politik, Badischer Kunstverein Karlsruhe 1970 und Frankfurter Kunstverein (2. Aufl.) 1971
Staeck, Klaus: in: Art und Artists Nr. 7/Okt. 1970 S. 32
Staeck, Klaus: Beitrag in Kunst-Praxis heute, Hg. Karin Thomas, Köln 1972 (DuMont-Verlag)
Diederich, Reiner/**Grübling,** Richard/**Staeck,** Klaus: Politische Propaganda, in Katalog Dokumenta 5. Befragung der Realität-Bildwelten heute, Gütersloh 1972, auch als Sonderdruck: Parteiplakate (Bezug durch Autoren)
Staeck, Klaus/**Steidl,** Gerhard: Befragung der Dokumenta, in: Kunst Nr. 46/1972, S. 2793
Staeck, Klaus: Die Litfaßsäule als Galerie, in: Kunst Nr. 49/März 1973, S. 112
Staeck, Klaus: in Katalog: Kunst im politischen Kampf, Kunstverein Hannover 1973
Staeck, Klaus/**Karst,** Ingeborg: Klage nicht ohne Tragik, in: Kunst Nr. 50/1973, S. 12
Staeck, Klaus: Glaube und Schönheit oder das Fest der Insider (Documenta 5), in: Kunstjahrbuch 3, Hannover 1973, S. 26 (Fackelträger-Verlag)
Staeck, Klaus: Interview in Kaktus 1973, Schülerzeitschrift Gymnasium Frankenthal/Pfalz
Staeck, Klaus: Interview in: tendenzen, Sept. 1973
Staeck, Klaus: Hinweise für Initiativgruppen, in: BDK-Mitteilungen, Heft 3/1973, Seite 31 ff
Staeck, Klaus: Die Kunst der 70er Jahre, in: Kunst bleibt Kunst, Katalog zu projekt '74, Köln 1974
Staeck, Klaus/**Vitt,** Walter: Erweiterung oder Abschied vom Kunstbegriff, in: Magazin Kunst, Mai 1974, S. 84 ff
Staeck, Klaus: Der Leimtopf als Argument – Offener Brief an eine Kunstinstitution, in: Der Tagesspiegel (Berlin-West), 12. 7. 1974
Staeck, Klaus/**Steidl,** Gerhard: in Katalog: Art into Society – Society into Art, London 1974 (ICA)
Staeck, Klaus: Bis jetzt habe ich keinen Pfennig bekommen, in: heute Kunst Nr. 8 Okt./Nov. 1974, Mailand 1974 (Verlag Flash art)
Staeck, Klaus: Kunst und Prostitution, in: Kunst report 4'74 und in: Kunstforum Band 12, S. 51, Berlin 1974
Staeck, Klaus: Edition Staeck, in: das Kunstwerk Sept./Dez. 1974, Stuttgart 1974 (Verlag Kohlhammer)
Staeck, Klaus: Die Realität ist die Satire, Interview in: Die Zeit, 24.1.1975
Staeck, Klaus: Kann Kunst im politischen Bereich aufklären?, Interview in: Tagesanzeiger (Zürich), 12. 2. 1975
Staeck, Klaus: „Ich will runter von der Liste", Interview in: Der Spiegel, Nr. 4/75
Staeck, Klaus: Interview in: Szene Hamburg Nr. 15/75, Hamburg 1975
Staeck, Klaus: Interview (Ausschnitt), in: der Löwe Nr. 5/1975 (Theoriedialoge), Bern 1975 (Verlag Lisbet Kornfeld)
Staeck, Klaus: Politieke Affiches van Klaus Staeck, Katalog Stedelijk Van-Abbemuseum Eindhoven, Holland, 1975
Staeck, Klaus: Interview mit Joseph Beuys (Beuys in Amerika) in: Manual '75 (Jahrbuch), S. 19 ff, München 1975 (Edition Praeger)
Staeck, Klaus/**Steidl,** Gerhard: Das Problem, ein gutes politisches Plakat zu machen, in: Thema Nr. 2 Meinungsmacher, Göttingen 1974 (Selbstverlag Wüpper)
Staeck, Klaus/**Steidl,** Gerhard: Immer Ärger mit Raubdrucken, in: das da Nr. 5/Mai 1975, Seite 47 ff, Hamburg 1975 (Röhl-Verlag)
Staeck, Klaus/**Steidl,** Gerhard: Die Demokratie muß gelegentlich in Blut gebadet werden (Politische Plakate zum Thema Chile), in: Bosch/Bamberg, Handbuch Gruppenarbeit, S. 412 ff, München 1975 (Weismann-Verlag)
Staeck, Klaus: Edition Staeck, in: Die Kunst muß dem Bürger im Nacken sitzen, wie der Löwe dem Gaul, Berlin 1975 (7. Produzentengalerie)
Staeck, Klaus: in Katalog: Fotografie als Kunst, Ausstellung d. Fotoforums Kassel in Chalon-sur-Saone und Kassel 75/76
Staeck, Klaus: Üble Tricks lähmen die Arbeit, Interview in: Main-Post, 22. 11. 1975
Staeck/Duve/Schreiner/Wieczorek-Zeul: Kritische Solidarität mit der Sozialistischen Partei Portugals, in: EXTRA-Dienst Nr. 99/IX, 9.12.75 und das da Nr. 1/1976, Hamburg 1976
Staeck, Klaus: Es gibt keine Kulturdebatte, in: Frankfurter Rundschau, 3. 1. 1976
Staeck, Klaus: Erfahrungen mit der Öffentlichkeit, in: Kunstnachrichten, Heft 2/1976, Luzern 1976 (Kunstkreis-Verlag)

4. Veröffentlichungen über Staeck (Auswahl)

Anderegg, Roger: Erinnerungen an die Gegenwart, in: Nebelspalter, 5. 3. 1975
Bach, Edgar: Die schwarze Liste des Herrn Genscher, in: Steinwurf, Nr. 5/1975 (Schülerzeitung Rösrath), Rösrath 1975
Bänsch, Dieter: Zum Dürerbild der literarischen Romantik, in: Marburger Jahrbuch für Kunstwissenschaft, Band 19, Marburg 1974
Beck, Hans-Jürgen: Die Reichen müssen noch reicher werden, in: werden, Jahrbuch für die Deutschen Gewerkschaften, Köln 1975 (Bund-Verlag)
Becker, Wolfgang: Dom – Dömer – Am Dömsten, in: Köln 1/1971, S. 30 ff
Beckert, Michael: Einer, der mit Kunst so viele ärgert, in: Saarbrücker Zeitung, 20. 8. 1975

Besymenski, Lew: Die Ärgernisse des Klaus Staeck, in: Neue Zeit (Moskau) Nr. 11, März 75
Böll, Heinrich: Welche Bundesrepublik repräsentiere ich? Fernsehinterview zum Fall Staeck, in: Frankfurter Allgemeine Zeitung, 11.1.1975
Ebbecke, Frank: Dich machen wir fertig, in: Stern Nr. 40, 24.9.1972
Ehmer, Hermann K. (Hg.): Kunst/Visuelle Kommunikation, Steinbach 1973 (Anabas-Verlag)
Faerber, Renate: Witze entlarven die Heuchelei, in: Frankfurter Rundschau, 19.1.1976
Faerber, Renate: „Ich halte eben nicht viel vom Jammern", in: VORWÄRTS, 29.1.1976
Glozer, Laszlo: Tendenzwende oder Rechtsruck?, in: Süddeutsche Zeitung (München), 14.1.1975
von Graevenitz, Antje: Stedelijk van Abbe Museum: Klaus Staeck, in: PANTHEON, Herbst 1975
Hamann, Wolfram: Grundrechtsverwirklichung auf der Außenwand einer gemieteten Wohnung, in: UFIFA (Archiv für Urheber- Film- Funk- und Theaterrecht Band 74/1975), Berlin 1975 (J. Schweitzer Verlag)
Hartau, Johannes: Politische Funktion der Druckgrafik, in: Grafische Techniken, Katalog des Neuen Berliner Kunstvereins, Berlin 1973
Hiltmann, Katharina u. Jochen / **Lenger,** Hans-Joachim: Kunst im antiimperialistischen Kampf der BRD und Westberlin, in: Kunst und Gesellschaft Nr. 22, Berlin 1974
Holfeld, Hans: Plakate des Advokaten, Deutsches Allgemeines Sonntagsblatt, 29.10.1973
Irmscher, Thomas / **Wolf,** Heidi: Praktische Kunstkritik, in: Kämpfende Kunst, Zeitschrift der ISK Nr. 3, Berlin 1975
Jappe, Georg: Young artists in Germany, in: Studio International Febr. 72, S. 65 ff
Jappe, Georg: Kunst, die Politiker unruhig macht, in: FAZ, 24.4.72, und Basler Nationalzeitung, 22.4.1972
Joachimides, Christos M.: Art into society, in: Kunstforum Bd. 13/April 1975, Mainz 1975
Konkret: Plakate abreißen verboten! in: Konkret Nr. 24, 7.6.73
Löw-Beer, Nele: Plakatierte Agitation: gegen Dummheit und Unrecht, in: Der Gewerkschafter (IG Metall), Frankfurt 1974
Marmori, Giancarlo: Rabbia über alles! in: L'Espresso (Rom), 23.3.75
Meissner, Marianne: Stichworte, in: Sonntag Nr. 37/1975, Berlin/DDR
Morschel, Jürgen: Deutsche Kunst der 60er Jahre, Teil II, München 1972 (Bruckmann-Verlag)
Morris, Lyuda: Art into Society, in: Studio International (London), Jan./Febr. 1975
Müller, Hans-Joachim: Kleine, elementare Dinge vorführen, in: Basler Nachrichten, 27.9.1974
Müller, Johann Heinrich: Kunst und Politik, in: Kunst, Nr. 40/1970, S. 2007
Neudecker, Herbert: Staeck kämpft gegen ein sogenanntes Berufsverbot, in: Abendzeitung, 18.2.1972
Ohff, Heinz: Der Gegenstand als Kunstobjekt. Das Kunstobjekt als Gegenstand, in: Kunst Nr. 42/1971, S. 2249
Perger, Werner A.: Gefährliche Kunst, in: Die Presse (Wien), 14.11.1975
Persson, Christer: Politiska plakat tog sanningens skamgrepp, in: Arbetet (Malmö/Schweden) 24.2.1974
Persson, Christer: Da gar Böll & Staeck fienderna inpa livet, in: Arbetet (Malmö/Schweden), 24.11.1975
Pfister, Dietmar: Die verlorene Ehre des Art. 5, in: Schalom Heft 22/1975 (unabhängige jüdische Zeitschrift), Nürnberg 1975 (Schalom-Verlag)
Reick, Rudi: Leute von heute mit Format – Klaus Staeck, in: Format Heft 1, 9. Jg., Karlsruhe, Jan.-Febr. 1972
Reuther, Hanno: Wie sowas läuft, läuft sowas so, in: Frankfurter Rundschau, 11.1.1975
Sawwin, Konstantin: Plakate sind seine Waffe, in: Trud (Moskau), 18.1.1976
Schmidt, Aurel: Klaus Staeck, in: National-Zeitung (Basel), 8.2.1975
Schmied, Wieland: Malerei nach 1945, Frankfurt 1974 (Propyläen-Verlag)
Schröder, Thomas: Alles ordentlich, in: Der Spiegel Nr. 44, 23.10.73
Staber, Margit: Ein Fuß zwischen die Tür, in: Die Weltwoche (Zürich), 5.2.1975
Schönfeld, Gertie: Politisch engagierte Kunst findet nicht im Saale statt, in: Deutsches Allgemeines Sonntagsblatt, 15.2.1976
Tisdall, Caroline: The writing on the wall, in: The Guardian (London), 1. und 28.11.1975
Vossiek, Günter / **Thielke,** Adolf: „Würden Sie dieser Frau ein Zimmer vermieten?", in: BDK-Mitteilungen Heft 3/1973, Seite 34 ff
Weich, Franz: Politische Fotomontage – Heute, in tendenzen Nr. 105, Jan. 1976
Weiss, Evelyn: Kunst in Kunst – Das Zitat in der Pop-Art, in: Aachener Kunstblätter, Aachen 1971
Whitney, Craig R.: German Who Fled the East, Now Stings the Right With Posters, in: The New York Times, 1.12.1975, Seite 2
Winkler, Gerd: Kunstwetterlage, Stuttgart 1973 (Becker-Verlag)
Winter, Marianne: Dürer, Staeck und eine 6. Klasse, in: Kunst & Unterricht, Heft 13, Sept. 1971, S. 42
Winter, Peter: Ohne Holzhammer, Beispiele kritischer Kunst in der BRD, in: Kunstjahrbuch 3, 1973, Hannover, S. 69 ff
Winter, Peter: Einweckgehirne und Einwegsprüche, in: Kunstforum 2/3, 1973, S. 99 ff

---

Zur Erinnerung

Montage des Kölner Doms bei Nacht.

Siebdruck Auflage: 100 1972

Zur Erinnerung an die Jahreshauptversammlung des Vereins progressiver deutscher Kunsthändler e.V.

Politische Plakate von Klaus Staeck

erhalten Sie bei **Edition Staeck**
Postfach 10 20 63
6900 Heidelberg

Fordern Sie bitte unseren Plakatprospekt an!